Béatrice et Francis Grandguillot

L'essentiel de l'Analyse financière

13e édition

2015 2016

Gualino
lextenso éditions

LES CARRÉS

Cette collection de livres présente de manière synthétique, rigoureuse et pratique l'ensemble des connaissances que l'étudiant doit posséder sur le sujet traité. Elle couvre :
- le Droit et la Science Politique ;
- les Sciences économiques ;
- les Sciences de gestion ;
- les concours de la Fonction publique.

Béatrice et Francis Grandguillot sont professeurs de comptabilité et de gestion dans plusieurs établissements d'enseignement supérieur. Ils sont également auteurs de nombreux ouvrages dans ces matières.

Des mêmes auteurs dans la même collection

- L'essentiel de l'Analyse financière, 13e éd. 2015-2016
- L'essentiel de la Comptabilité générale : modélisation comptable, opérations courantes, 5e éd. 2015-1016
- L'essentiel de la Comptabilité générale : opérations d'inventaire, comptes annuels, 5e éd. 2015-2016
- L'essentiel de la Comptabilité de gestion, 7e éd. 2015-2016
- L'essentiel du Contrôle de gestion, 9e éd. 2015-2016
- L'essentiel du Droit fiscal 2015, 16e éd.
- L'essentiel du Droit des sociétés 2015, 13e éd.

70, rue du Gouverneur Général Félix Éboué
92131 Issy-les-Moulineaux cedex
ISBN 978 - 2 - 297 - 04791 - 3
ISSN 1288-8206

PRÉSENTATION

Ce livre présente les *connaissances nécessaires* à la compréhension des principales problématiques de *l'analyse financière* (également appelée *Finance*) : étude de l'activité, de la rentabilité et du financement de l'entreprise. Son objectif est d'offrir *une vision claire, structurée et synthétique* de cette matière avec notamment le recours à *de nombreux schémas et tableaux*. En outre, chaque chapitre présente un ou plusieurs exemples corrigés.

L'ouvrage développe en quatre parties :

La présentation des comptes annuels de l'entreprise (compte de résultat, bilan, annexe)

L'analyse de l'activité et de la performance de l'entreprise (soldes intermédiaires de gestion, capacité d'autofinancement, variabilité des charges, seuil de rentabilité)

L'analyse de la stucture financière et de l'équilibre financier de l'entreprise (analyse fonctionnelle, besoin en fonds de roulement d'exploitation normatif, analyse financière du bilan)

Les tableaux de flux de l'entreprise (tableau de financement, excédent de trésorerie d'exploitation, tableau des flux de trésorerie)

*Cette nouvelle édition **2015/2016***, entièrement à jour à sa publication, s'adresse à tous les étudiants des facultés de droit et de sciences économiques, aux étudiants des Licence/Master Comptabilité - Contrôle - Audit (CCA), aux candidats aux examens de l'expertise comptable (DCG et DSCG), aux étudiants des BTS tertiaires et aux étudiants en Écoles de Management.

AVERTISSEMENT

Dans cet ouvrage, les numéros des articles du Plan comptable général relatifs aux comptes annuels sont conformes au règlement 2014-03 de l'Autorité des normes comptables (ANC) du 5 juin 2014 relatif au ***nouveau Plan comptable général,*** homologué par arrêté du 8 septembre 2014 publié au JO le 15 octobre 2014. Ce dernier remplace le règlement CRC 99-03 et les autres règlements publiés depuis 1999.

SOMMAIRE

SOMMAIRE

PARTIE 2
L'analyse de l'activité et de la performance de l'entreprise

PARTIE 3

L'analyse de la structure financière et de l'équilibre financier de l'entreprise

SOMMAIRE

Les comptes annuels de l'entreprise

PARTIE 1

Le compte de résultat

Chapitre 1

Le compte de résultat décrit l'activité de l'entreprise au cours d'un exercice. Il est à la fois :
– un document comptable obligatoire ;
– un outil d'analyse de l'activité, de la performance et de la rentabilité de l'entreprise.

1 Définition

Le compte de résultat fait partie des comptes annuels. Il regroupe ***les produits et les charges*** de l'exercice, indépendamment de leur date d'encaissement ou de paiement. Il est établi à partir des ***soldes des comptes de gestion*** :

– classe 6 : comptes de charges ;

– classe 7 : comptes de produits.

Le compte de résultat ***détermine le résultat de l'exercice (bénéfice ou perte)*** par différence entre les produits et les charges.

Précisons que ***les petites entreprises*** au sens comptable, c'est-à-dire celles qui ne dépassent pas pendant deux exercices successifs, deux des trois seuils suivants : 4 M€ de total de bilan, 8 M€ de CA net, 50 salariés, peuvent désormais présenter un compte de résultat simplifié correspondant au modèle du système abrégé prévu par la Plan comptable général.

2 La structure

Actuellement, les charges et les produits du compte de résultat sont classés par nature en ***trois catégories symétriques*** de charges et de produits (exploitation, financier et exceptionnels).

Les charges

Les charges correspondent à des ***coûts engagés*** par l'entreprise pour exercer son activité. On distingue parmi celles-ci :

- **Les charges d'exploitation** → Coûts occasionnés par l'***activité normale*** de l'entreprise : achats et consommations, charges de personnel, impôts…
- **Les charges financières** → Coûts liés à la ***politique financière*** de l'entreprise : intérêts des emprunts, escomptes accordés, pertes de change…
- **Les charges exceptionnelles** → Coûts qui ***ne sont pas liés à l'activité normale*** de l'entreprise : amendes, pénalités…
- **La participation des salariés aux résultats de l'exercice** → Charge obligatoire pour toute entreprise ayant au moins 50 salariés
- **L'impôt sur les bénéfices** → Charge d'impôt supportée par les entités soumises à l'impôt sur les sociétés (société à responsabilité limitée, société anonyme…)

Les produits

Les produits sont les ***revenus générés par l'activité*** de l'entreprise. On distingue parmi ceux-ci :

- **Les produits d'exploitation** → Ressources produites par l'activité normale de l'entreprise : ventes, subventions d'exploitation…
- **Les produits financiers** → Revenus financiers procurés par des placements, escomptes obtenus et reprises sur provisions
- **Les produits exceptionnels** → Produits occasionnés, essentiellement, par la cession d'éléments d'actif

Le résultat

Le résultat (bénéfice ou perte) permet de savoir si l'entreprise s'est enrichie ou appauvrie :

Produits > Charges ⇒ **Bénéfice**
Produits < Charges ⇒ **Perte**

Il est placé du ***côté opposé à sa nature*** pour équilibrer le compte de résultat.

Le résultat déterminé au compte de résultat doit être ***identique*** à celui du bilan.

L'évolution de la structure du compte de résultat

La directive comptable unique, transposée en droit national par l'ordonnance et le décret du 23 juillet 2015 relatifs aux obligations comptables des commerçants, prévoit une évolution de la stucture du compte de résultat comme :

- le classement des charges et des produits par nature ou par fonction ;
- la suppression de la catégorie des charges et des produits exceptionnels. Les éléments de cette catégorie seront reclassés dans de nouvelles rubriques du résultat courant.

Un règlement de l'ANC est attendu pour intégrer ces dispositions dans le PCG.

3 Le tableau de correspondance des comptes en système développé

Le système développé, système comptable facultatif, permet une analyse détaillée des charges et des produits. Il est réservé particulièrement aux grandes entreprises.

Les charges

Les tableaux de correspondance des comptes sont présentés pages 16 et 17.

Art. 823-2 Modèle de compte de résultat (en tableau) *(système développé)*

CHARGES (hors taxes)	Exercice N		Exercice N – 1
		Totaux partiels	Totaux partiels
Charges d'exploitation (1) :			
Coût d'achat des marchandises vendues dans l'exercice			
Achats de marchandises *(a)*	607. (– 6097).		
Variation des stocks de marchandises *(b)*	6037.		
Consommations de l'exercice en provenance de tiers			
Achats stockés d'approvisionnements *(a)*			
Matières premières	601. (– 6091).		
Autres approvisionnements	602. (– 6092).		
Variation des stocks d'approvisionnements *(b)*	6031. 6032.		
Achats de sous-traitance	604. 605. (– 6094. – 6095).		
Achats non stockés de matières et fournitures	606. (– 6096).		
Services extérieurs :			
Personnel extérieur	621.		
Loyers en crédit-bail *(c)*	612.		
Autres	61. 62. (– 619. – 629). sauf 621. 612.		
Impôts, taxes et versements assimilés			
Sur rémunérations	631. 633.		
Autres	635. 637.		
Charges de personnel			
Salaires et traitements	641. 644. 648.		
Charges sociales	645. 646. 647.		
Dotations aux amortissements et dépréciations			
Sur immobilisations : dotations aux amortissements *(d)*	6811. 6812.		
Sur immobilisations : dotations aux dépréciations	6816.		
Sur actif circulant : dotations aux dépréciations	6817.		
Dotations aux provisions	6815.		
Autres charges	651. 653. 654. 658.		
TOTAL		X	X

Quotes-parts de résultat sur opérations faites en commun	655.		
Charges financières :			
Dotations aux amortissements, dépréciations et provisions	686.		
Intérêts et charges assimilées (2)	661. 664. 665. 668.		
Différences négatives de change	666.		
Charges nettes sur cessions de valeurs mobilières de placement	667.		
Charges exceptionnelles :			
Sur opérations de gestion	671. 672.		
Sur opérations en capital :			
Valeurs comptables des éléments immobilisés et financiers cédés *(e)*	675.		
Autres	678.		
Dotations aux amortissements, dépréciations et provisions :			
Dotations aux provisions réglementées	6872. 6873. 6874.		
Dotations aux amortissements	6871.		
Dotations aux dépréciations	6876.		
Dotations aux autres provisions	6875.		
Participation des salariés aux résultats	691.		
Impôts sur les bénéfices	695.		
Solde créditeur = **bénéfice**		X	X
TOTAL GÉNÉRAL		X	X

(1) Dont charges afférentes à des exercices antérieurs. Les conséquences des corrections d'erreurs significatives, calculées après impôt, sont présentées sur une ligne séparée sauf s'il s'agit de corriger une écriture ayant été directement imputée sur les capitaux propres.
(2) Dont intérêts concernant les entités liées.

(a) Y compris frais accessoires.
(b) Stock initial moins stock final : montant de la variation en moins entre parenthèses ou précédé du signe (–).
(c) À ventiler en « mobilier » et « immobilier ».
(d) Y compris éventuellement dotations aux amortissements des charges à répartir.
(e) À l'exception des valeurs mobilières de placement.

Les produits

Art. 823-2 *(suite)* **Modèle de compte de résultat (en tableau)** *(système développé)*

PRODUITS (hors taxes)	Exercice N		Exercice N – 1
		Totaux partiels	Totaux partiels
Produits d'exploitation (1) :	10		
Ventes de marchandises	707.(– 7097).		
Production vendue			
Ventes	701. 702. 703. (– 7091. – 7092).		
Travaux	704. 705. (–7094. – 7095).		
Prestations de services	706. 708. (– 7096. – 7098).		
Montant net du chiffre d'affaires	X		
dont à l'exportation			
Production stockée *(a)*			
En-cours de production de biens *(a)*	7133.		
En-cours de production de services *(a)*	7134.		
Produits *(a)*	7135.		
Production immobilisée	72.		
Subventions d'exploitation	74.		
Reprises sur dépréciations, provisions (et amortissements)	781.		
Transferts de charges	791.		
Autres produits	751. 752. 753. 758.		
TOTAL		X	X
Quotes-parts de résultat sur opérations faites en commun	755.		
Produits financiers :			
De participation (2)	761.		
D'autres valeurs mobilières et créances de l'actif immobilisé (2)	762.		
Autres intérêts et produits assimilés (2)	763. 764. 765. 768.		
Reprises sur dépréciations, provisions et transferts de charges financières	786. 796.		
Différences positives de change	766.		
Produits nets sur cessions de valeurs mobilières de placement	767.		

Produits exceptionnels :			
Sur opérations de gestion	771. 772.		
Sur opérations en capital :			
– produits des cessions d'éléments d'actif *(c)*	775.		
– subventions d'investissement virées au résultat de l'exercice	777.		
– autres	778.		
Reprises sur dépréciations et provisions, transferts de charges exceptionnelles	787. 797.		
Solde débiteur = **perte**		X	X
TOTAL GÉNÉRAL		X	X

(1) Dont produits afférents à des exercices antérieurs. Les conséquences des corrections d'erreurs significatives, calculées après impôt, sont présentées sur une ligne séparée sauf s'il s'agit de corriger une écriture ayant été directement imputée sur les capitaux propres.
(2) Dont produits concernant les entités liées.

(a) Stock final moins stock initial : montant de la variation en moins entre parenthèses ou précédé du signe (–) dans le cas de déstockage de production.
(c) À l'exception des valeurs mobilières de placement.

Le compte de résultat peut aussi être présenté en liste, ce qui permet de calculer directement des résultats intermédiaires tels que le résultat d'exploitation, le résultat financier, le résultat courant avant impôt et le résultat exceptionnel.

Le compte de résultat en liste permet une première ***analyse de la performance*** de l'entreprise.

Exemple

Les soldes des comptes de gestion sont les suivants :

– Achats de matières premières :	*68 400*
– Variation des stocks de matières premières (SD) :	*3 000*
– Achats de marchandises :	*145 600*
– Variation des stocks de marchandises (SC) :	*12 500*
– Achats non stockés de matières et fournitures :	*11 200*
– Autres services extérieurs :	*19 800*
– Taxe d'apprentissage :	*3 400*
– Autres impôts, taxes et versements assimilés :	*5 500*
– Rémunérations du personnel :	*75 300*
– Charges de sécurité sociale et de prévoyance :	*31 100*
– Charges d'intérêts :	*5 800*
– Pertes de change :	*1 700*
– Charges exceptionnelles sur opérations de gestion :	*1 850*
– Dotations aux amortissements sur immobilisations incorporelles et corporelles :	*4 100*
– Dotations aux dépréciations des actifs circulants :	*2 200*
– Ventes de produits finis :	*47 900*
– Ventes de marchandises :	*352 700*
– Variation des stocks de produits finis (SC) :	*12 000*
– Subventions d'exploitation :	*8 000*
– Revenus des titres de participation :	*3 500*
– Produits des cessions d'éléments d'actif :	*4 200*
– Reprises sur dépréciations des éléments financiers :	*1 300*

Compte de résultat en système développé

Compte de résultat

CHARGES (hors taxes)	Exercice N		Exercice N – 1
		Totaux partiels	Totaux partiels
Charges d'exploitation (1) :			
Coût d'achat des marchandises vendues dans l'exercice		133 100	
Achats de marchandises *(a)*	145 600		
Variation des stocks de marchandises *(b)*	– 12 500		
Consommations de l'exercice en provenance des tiers		102 400	
Achats stockés d'approvisionnements *(a)*			
Matières premières	68 400		
Autres approvisionnements			
Variation des stocks d'approvisionnements *(b)*	+ 3 000		
Achats de sous-traitance			
Achats non stockés de matières et fournitures	11 200		
Services extérieurs :			
Personnel extérieur			
Loyers en crédit-bail *(c)*			
Autres	19 800		
Impôts, taxes et versements assimilés		8 900	
Sur rémunérations	3 400		
Autres	5 500		
Charges de personnel		106 400	
Salaires et traitements	75 300		
Charges sociales	31 100		
Dotations aux amortissements et dépréciations		6 300	
Sur immobilisations : dotations aux amortissements *(d)*	4 100		
Sur immobilisations : dotations aux dépréciations			
Sur actif circulant : dotations aux dépréciations	2 200		
Dotations aux provisions			
Autres charges			
TOTAL		357 100	

Quotes-parts de résultat sur opérations faites en commun			
Charges financières :		7 500	
Dotations aux amortissements, dépréciations et provisions			
Intérêts et charges assimilées (2)	5 800		
Différences négatives de change	1 700		
Charges nettes sur cessions de valeurs mobilières de placement			
Charges exceptionnelles :		1 850	
Sur opérations de gestion	1 850		
Sur opérations en capital :			
Valeurs comptables des éléments immobilisés et financiers cédés *(e)*			
Autres			
Dotations aux amortissements, dépréciations et provisions :			
Dotations aux provisions réglementées			
Dotations aux amortissements			
Dotations aux dépréciations			
Dotations aux autres provisions			
Participation des salariés aux résultats			
Impôts sur les bénéfices			
Solde créditeur = **bénéfice**		63 150	
TOTAL GÉNÉRAL		429 600	

(1) Dont charges afférentes à des exercices antérieurs. Les conséquences des corrections d'erreurs significatives, calculées après impôt, sont présentées sur une ligne séparée sauf s'il s'agit de corriger une écriture ayant été directement imputée sur les capitaux propres.
(2) Dont intérêts concernant les entités liées.

(a) Y compris frais accessoires.
(b) Stock initial moins stock final : montant de la variation en moins entre parenthèses ou précédé du signe (–).
(c) À ventiler en « mobilier » et « immobilier ».
(d) Y compris éventuellement dotations aux amortissements des charges à répartir.
(e) À l'exception des valeurs mobilières de placement.

Compte de résultat

PRODUITS (hors taxes)	Exercice N		Exercice N – 1
		Totaux partiels	Totaux partiels
Produits d'exploitation (1) :			
Ventes de marchandises	352 700	352 700	
Production vendue		47 900	
Ventes	47 900		
Travaux			
Prestations de services			
Montant net du chiffre d'affaires	400 600		
dont à l'exportation			
Production stockée *(a)*		12 000	
En-cours de production de biens *(a)*			
En-cours de production de services *(a)*			
Produits *(a)*	12 000		
Production immobilisée			
Subventions d'exploitation		8 000	
Reprises sur dépréciations, provisions (et amortissements)			
Transferts de charges			
Autres produits			
TOTAL		420 600	
Quotes-parts de résultat sur opérations faites en commun			
Produits financiers :		4 800	
De participation (2)	3 500		
D'autres valeurs mobilières et créances de l'actif immobilisé (2)			
Autres intérêts et produits assimilés (2)			
Reprises sur dépréciations, provisions et transferts de charges financières	1 300		
Différences positives de change			
Produits nets sur cessions de valeurs mobilières de placement			

Produits exceptionnels :		4 200	
Sur opérations de gestion			
Sur opérations en capital :			
Produits des cessions d'éléments d'actif *(c)*	4 200		
Subventions d'investissement virées au résultat de l'exercice			
Autres			
Reprises sur dépréciations et provisions, transferts de charges exceptionnelles			
Solde débiteur = **perte**			
TOTAL GÉNÉRAL		429 600	

(1) Dont produits afférents à des exercices antérieurs. Les conséquences des corrections d'erreurs significatives, calculées après impôt, sont présentées sur une ligne séparée sauf s'il s'agit de corriger une écriture ayant été directement imputée sur les capitaux propres.
(2) Dont produits concernant les entités liées.

(a) Stock final moins stock initial : montant de la variation en moins entre parenthèses ou précédé du signe (–) dans le cas de déstockage de production.
(c) À l'exception des valeurs mobilières de placement.

Le bilan

Chapitre 2

Le bilan représente la situation patrimoniale de l'entreprise à une date précise. Il est à la fois :
– un document comptable obligatoire ;
– un outil d'analyse de la structure financière de l'entreprise et de son équilibre financier.

1 Définition

Le bilan fait partie des comptes annuels.

Du point de vue financier, le bilan décrit à une date donnée, l'ensemble des ressources financières (***passif***) que l'entreprise s'est procurée et l'utilisation des ressources (***actif***) dont elle dispose.

Il est établi à partir ***des soldes des comptes de bilan*** :

– classe 1 : comptes de capitaux ;

– classe 2 : comptes d'immobilisations ;

– classe 3 : comptes de stocks et en-cours ;

– classe 4 : comptes de tiers ;

– classe 5 : comptes financiers.

Précisons que ***les petites entreprises*** au sens comptable, c'est-à-dire celles qui ne dépassent pas pendant deux exercices successifs, deux des trois seuils suivants : 4 M€ de total de bilan, 8 M€ de CA net, 50 salariés, peuvent désormais présenter un bilan simplifié correspondant au modèle du système abrégé prévu par le Plan comptable général.

2 La structure

L'actif

L'actif représente l'***ensemble des emplois***. On distingue :

L'actif immobilisé	Biens et créances destinés à être utilisés ou à rester de façon durable dans l'entreprise : immobilisations incorporelles, immobilisations corporelles, immobilisations financières
L'actif circulant	Biens et créances liés au cycle d'exploitation et qui n'ont pas vocation à être maintenus durablement dans l'entreprise : stocks, créances, instruments de trésorerie, disponibilités…
Les charges à répartir sur plusieurs exercices	Comptes d'attente destinés à étaler des charges lors de l'inventaire Conformément au Plan comptable général (PCG), les charges à répartir ne concernent que les frais d'émission d'emprunts
Les écarts de conversion actif	Pertes de change latentes

Le passif

Le passif regroupe les ***ressources de financement***. On distingue :

Les capitaux propres	Moyens de financement mis à la disposition de l'entreprise de façon permanente : capital, résultat de l'exercice, subventions d'investissement…
Les provisions	Destinées à couvrir des dettes probables liées à des risques et à des charges : litiges, grosses réparations…
Les dettes	Moyens de financement externes : emprunts, dettes fournisseurs, dettes sociales…
Les écarts de conversion passif	Gains de change latents

Le résultat

Le bilan de fin d'exercice permet de calculer le résultat de l'exercice par différence entre :

Total actif (colonne Net) – Total passif = **Résultat**

Il se place au passif dans la rubrique capitaux propres :

En **+** s'il s'agit d'un bénéfice ⇒ Actif > Passif
En **–** dans le cas d'une perte ⇒ Actif < Passif

Le résultat doit être ***identique*** à celui déterminé au compte de résultat.

3 Le tableau de correspondance des comptes en système développé

Le système développé, système facultatif, permet une analyse détaillée des créances et des dettes. Il est réservé particulièrement aux grandes entreprises.

L'actif

Les postes de l'actif sont classés d'après leur ***fonction et par ordre de liquidité croissante***.

Art. 823-1 Modèle de bilan (en tableau) (avant répartition) *(système développé)*

ACTIF	Exercice N			Exercice N – 1
	Brut	Amortissements et dépréciations (à déduire)	Net	Net
Capital souscrit - non appelé	109.			
ACTIF IMMOBILISÉ *(a)*				
Immobilisations incorporelles :				
Frais d'établissement	201.			
Frais de recherche et de développement	203.			
Concessions, brevets, licences, marques, procédés, logiciels, droits et valeurs similaires	205.			
Fonds commercial (1)	206. 207.			
Autres	208.			
Immobilisations incorporelles en cours	232.			
Avances et acomptes	237.			
Immobilisations corporelles :				
Terrains	211. 212.			
Constructions	213. 214.			
Installations techniques, matériel et outillage industriels	215.			
Autres	218.			
Immobilisations corporelles en cours	231.			
Avances et acomptes	238.			
Immobilisations financières (2) :				
Participations *(b)*	261. 266.			
Créances rattachées à des participations	267. 268.			
Titres immobilisés de l'activité de portefeuille	273.			
Autres titres immobilisés	271. 272. 27682.			
Prêts	274. 27684.			
Autres	275. 2761. 27685. 27688.			
TOTAL I	X	X	X	X

ACTIF CIRCULANT				
Stocks et en-cours *(a)* :				
Matières premières et autres approvisionnements	31. 32.			
En-cours de production [biens et services] *(c)*	33. 34.			
Produits intermédiaires et finis	35.			
Marchandises	37.			
Avances et acomptes versés sur commandes	4091.			
Créances d'exploitation (3) :				
Créances Clients (a) et Comptes rattachés *(d)*	411. 413. 416. 417. 418.			
Autres	4096. 4097. 4098. 425. 4287. 4387. 4417. 4456. 4458D. 4487.			
Créances diverses	4411. 4418. 443D. 444D. 4487. 4456. 451D. 456D (sauf 4562). 458D. 462 . 465. 467D. 4687.			
Capital souscrit - appelé, non versé	4562.			
Valeurs mobilières de placement *(e)* :				
Actions propres	502.			
Autres titres	50 (sauf 502. 509.).			
Instruments de trésorerie	52.			
Disponibilités	51D (sauf 5186. 519.). 53. 54.			
Charges constatées d'avance (3)	486.			
TOTAL II	X	X	X	X
Charges à répartir sur plusieurs exercices **(III)**	481.			
Primes de remboursement des emprunts **(IV)**	169.			
Écarts de conversion Actif **(V)**	476.			
TOTAL GÉNÉRAL (I + II + III + IV + V)	X	X	X	X
(1) Dont droit au bail (2) Dont à moins d'un an (3) Dont à plus d'un an				

(a) Les actifs avec clause de réserve de propriété sont regroupés sur une ligne distincte portant la mention « dont ... avec clause de réserve de propriété ». En cas d'impossibilité d'identifier les biens, un renvoi au pied du bilan indique le montant restant à payer sur ces biens. Le montant à payer comprend celui des effets non échus.

(b) Si des titres sont évalués par équivalence, ce poste est subdivisé en deux sous-postes « Participations évaluées par équivalence » et « Autres participations ». Pour les titres évalués par équivalence, la colonne « Brut » présente la valeur globale d'équivalence si elle est supérieure au coût d'acquisition. Dans le cas contraire, le prix d'acquisition est retenu. La dépréciation globale du portefeuille figure dans la 2e colonne. La colonne « Net » présente la valeur globale d'équivalence positive ou une valeur nulle.

(c) À ventiler, le cas échéant, entre biens, d'une part, et services d'autre part.

(d) Créances résultant de ventes ou de prestations de services.

(e) Poste à servir directement s'il n'existe pas de rachat par l'entité de ses propres actions.

Le passif

Les postes du passif sont classés selon leur ***provenance et par ordre d'exigibilité croissante***.

Art. 823-1 Modèle de bilan (en tableau) (avant répartition) *(suite)*

PASSIF	Exercice N	Exercice N – 1
CAPITAUX PROPRES *		
Capital [dont versé] *(a)*	101. 108. (dont versé = 1013).	
Primes d'émission, de fusion, d'apport	104.	
Écarts de réévaluation *(b)*	105.	
Écart d'équivalence *(c)*	107.	
Réserves :		
Réserve légale	1061.	
Réserves statutaires ou contractuelles	1063.	
Réserves réglementées	1062. 1064.	
Autres	1068.	
Report à nouveau *(d)*	110. ou 119.	
Résultat de l'exercice [bénéfice ou perte] *(e)*	120. ou 129.	
Subventions d'investissement	13.	
Provisions réglementées	14.	
TOTAL I	X	X
PROVISIONS		
Provisions pour risques	151.	
Provisions pour charges	15 (sauf 151).	
TOTAL II	X	X
DETTES (1) *(g)*		
Dettes financières :		
Emprunts obligataires convertibles	161. 16881.	
Autres emprunts obligataires	163. 16883.	
Emprunts et dettes auprès des établissements de crédit (2)	164. 16884 .512C. 514C. 517C. 5186. 519.	
Emprunts et dettes financières divers (3)	165. 166. 1675. 168 (sauf 16881). 16883. 16884. 17426. 45C (sauf 457).	

Avances et acomptes reçus sur commandes en cours	4191.	
Dettes d'exploitation :		
Dettes Fournisseurs et Comptes rattachés *(f)*	401. 403. 4081.	
Dettes fiscales et sociales	421. 422. 427. 4282. 4286. 431. 437. 4386. 4455. 4458C. 446. 447. 4486	
Autres	4196. 4197. 4198. 4419 (pour partie).	
Dettes diverses :		
Dettes sur immobilisations et Comptes rattachés	269. 279. 404. 405. 4084.	
Dettes fiscales (impôts sur les bénéfices)	444C.	
Autres dettes	424. 426. 4284. 4419 (pour partie). 442. 443C. 4486. 451C. 456C. 457. 458C. 464. 467. 4686. 509.	
Instruments de trésorerie	52C.	
Produits constatés d'avance (1)	487.	
TOTAL III	X	X
Écarts de conversion Passif (IV)	477.	
TOTAL GÉNÉRAL (I + II + III + IV)	X	X
(1) Dont à plus d'un an Dont à moins d'un an (2) Dont concours bancaires courants et soldes créditeurs de banques (3) Dont emprunts participatifs		

* Le cas échéant, une rubrique « Autres fonds propres » est intercalée entre la rubrique « Capitaux propres » et la rubrique « Provisions » avec ouverture des postes constitutifs de cette rubrique sur des lignes séparées (montant des émissions de titres participatifs, avances conditionnées...). Un total I *bis* fait apparaître le montant des autres fonds propres entre le total I et le total II du passif du bilan. Le total général est complété en conséquence.

(a) Y compris capital souscrit non appelé.

(b) À détailler conformément à la législation en vigueur.

(c) Poste à présenter lorsque des titres sont évalués par équivalence.

(d) Montant entre parenthèses ou précédé du signe moins (–) lorsqu'il s'agit de pertes reportées.

(e) Montant entre parenthèses ou précédé du signe moins (–) lorsqu'il s'agit d'une perte.

(f) Dettes sur achats ou prestations de services.

(g) À l'exception, pour l'application du (1), des avances et acomptes reçus sur commandes en cours.

Exemple

Les soldes des comptes de bilan sont les suivants :

– Capital :	*500 000*
– Réserve légale :	*50 000*
– Provisions pour risques :	*12 600*
– Emprunts auprès des établissements de crédit :	*30 000*
– Fonds commercial :	*490 000*
– Matériel de bureau et matériel informatique :	*28 460*
– Mobilier :	*9 600*
– Titres immobilisés (droit de créance) :	*7 800*
– Amortissements du matériel de bureau et matériel informatique :	*8 530*
– Amortissements du mobilier :	*3 840*
– Dépréciations du fonds commercial :	*10 000*
– Stocks de marchandises :	*128 000*
– Dépréciation des marchandises :	*4 300*
– Fournisseurs :	*172 000*
– Fournisseurs d'immobilisations :	*15 000*
– Clients :	*228 000*
– Clients douteux :	*10 100*
– Sécurité sociale (SC) :	*18 300*
– Autres organismes sociaux (SC) :	*15 500*
– Charges constatées d'avance :	*12 630*
– Produits constatés d'avance :	*8 470*
– Dépréciation des comptes clients :	*14 540*
– Banques :	*48 600*
– Chèques postaux :	*5 700*
– Caisse :	*1 340*

Bilan en système développé

Les regroupements suivants sont nécessaires :

– Immobilisations corporelles : Autres : 28 460 + 9 600 = 38 060 €

– Amortissements et dépréciations à déduire : Autres : 8 530 + 3 840 = 12 370 €
– Créances clients : 228 000 + 10 100 = 238 100 €
– Disponibilités : 48 600 + 5 700 + 1 340 = 55 640 €
– Dettes fiscales et sociales : 18 300 + 15 500 = 33 800 €

Bilan

ACTIF	Exercice N			Exercice N – 1
	Brut	Amortissements et dépréciations (à déduire)	Net	Net
Capital souscrit - non appelé				
ACTIF IMMOBILISÉ *(a)*				
Immobilisations incorporelles :				
Frais d'établissement				
Frais de recherche et de développement				
Concessions, brevets, licences, marques, procédés, logiciels, droits et valeurs similaires				
Fonds commercial (1)	490 000	10 000	480 000	
Autres				
Immobilisations incorporelles en cours				
Avances et acomptes				
Immobilisations corporelles :				
Terrains				
Constructions				
Installations techniques, matériel et outillage industriels				
Autres	38 060	12 370	25 690	
Immobilisations corporelles en cours				
Avances et acomptes				
Immobilisations financières (2) :				
Participations *(b)*				
Créances rattachées à des participations				
Titres immobilisés de l'activité de portefeuille				
Autres titres immobilisés	7 800		7 800	
Prêts				
Autres				
TOTAL I	535 860	22 370	513 490	

ACTIF CIRCULANT				
Stocks et en-cours *(a)* :				
Matières premières et autres approvisionnements				
En-cours de production [biens et services] *(c)*				
Produits intermédiaires et finis				
Marchandises	128 000	4 300	123 700	
Avances et acomptes versés sur commandes				
Créances d'exploitation (3) :				
Créances Clients (a) et Comptes rattachés *(d)*	238 100	14 540	223 560	
Autres				
Créances diverses				
Capital souscrit - appelé, non versé				
Valeurs mobilières de placement *(e)* :				
Actions propres				
Autres titres				
Instruments de trésorerie				
Disponibilités	55 640		55 640	
Charges constatées d'avance (3)	12 630		12 630	
TOTAL II	434 370	18 840	415 530	
Charges à répartir sur plusieurs exercices **(III)**				
Primes de remboursement des emprunts **(IV)**				
Écarts de conversion Actif **(V)**				
TOTAL GÉNÉRAL (I + II + III + IV + V)	970 230	41 210	929 020	
(1) Dont droit au bail (2) Dont à moins d'un an (brut) (3) Dont à plus d'un an (brut)				

(a) Les actifs avec clause de réserve de propriété sont regroupés sur une ligne distincte portant la mention « dont ... avec clause de réserve de propriété ». En cas d'impossibilité d'identifier les biens, un renvoi au pied du bilan indique le montant restant à payer sur ces biens. Le montant à payer comprend celui des effets non échus.

(b) Si des titres sont évalués par équivalence, ce poste est subdivisé en deux sous-postes « Participations évaluées par équivalence » et « Autres participations ». Pour les titres évalués par équivalence, la colonne « Brut » présente la valeur globale d'équivalence si elle est supérieure au coût d'acquisition. Dans le cas contraire, le prix d'acquisition est retenu. La dépréciation globale du portefeuille figure dans la 2e colonne. La colonne « Net » présente la valeur globale d'équivalence positive ou une valeur nulle.

(c) À ventiler, le cas échéant, entre biens, d'une part, et services d'autre part.

(d) Créances résultant de ventes ou de prestations de services.

(e) Poste à servir directement s'il n'existe pas de rachat par l'entité de ses propres actions.

Bilan

PASSIF	Exercice N	Exercice N – 1
CAPITAUX PROPRES *		
Capital [dont versé] *(a)*	500 000	
Primes d'émission, de fusion, d'apport		
Écarts de réévaluation *(b)*		
Écart d'équivalence *(c)*		
Réserves :		
Réserve légale	50 000	
Réserves statutaires ou contractuelles		
Réserves réglementées		
Autres		
Report à nouveau *(d)*		
Résultat de l'exercice [bénéfice ou perte] *(e)*	107 150	
Subventions d'investissement		
Provisions réglementées		
TOTAL I	657 150	
PROVISIONS		
Provisions pour risques	12 600	
Provisions pour charges		
TOTAL II	12 600	
DETTES (1) *(g)*		
Dettes financières :		
Emprunts obligataires convertibles		
Autres emprunts obligataires		
Emprunts et dettes auprès des établissements de crédit (2)	30 000	
Emprunts et dettes financières divers (3)		
Avances et acomptes reçus sur commandes en cours		

Dettes d'exploitation :		
Dettes Fournisseurs et Comptes rattachés *(f)*	172 000	
Dettes fiscales et sociales	33 800	
Autres		
Dettes diverses :		
Dettes sur immobilisations et Comptes rattachés	15 000	
Dettes fiscales (impôts sur les bénéfices)		
Autres dettes		
Instruments de trésorerie		
Produits constatés d'avance (1)	8 470	
TOTAL III	259 270	
Écarts de conversion Passif (IV)		
TOTAL GÉNÉRAL (I + II + III + IV)	929 020	
(1) Dont à plus d'un an Dont à moins d'un an (2) Dont concours bancaires courants et soldes créditeurs de banques (3) Dont emprunts participatifs		

* Le cas échéant, une rubrique « Autres fonds propres » est intercalée entre la rubrique « Capitaux propres » et la rubrique « Provisions » avec ouverture des postes constitutifs de cette rubrique sur des lignes séparées (montant des émissions de titres participatifs, avances conditionnées...). Un total I *bis* fait apparaître le montant des autres fonds propres entre le total I et le total II du passif du bilan. Le total général est complété en conséquence.

(a) Y compris capital souscrit non appelé.

(b) À détailler conformément à la législation en vigueur.

(c) Poste à présenter lorsque des titres sont évalués par équivalence.

(d) Montant entre parenthèses ou précédé du signe moins (–) lorsqu'il s'agit de pertes reportées.

(e) Montant entre parenthèses ou précédé du signe moins (–) lorsqu'il s'agit d'une perte.

(f) Dettes sur achats ou prestations de services.

(g) À l'exception, pour l'application du (1), des avances et acomptes reçus sur commandes en cours.

Chapitre 3

L'annexe

L'annexe est un état comptable qui fournit des informations nécessaires à la compréhension du compte de résultat et du bilan. Elle est à la fois :
– un document comptable obligatoire, sauf pour la catégorie comptable des micro-entreprises ;
– un outil précieux pour l'analyse financière de l'entreprise.

1 Les informations de l'annexe

En principe, l'annexe fait partie des comptes annuels et forme ***un tout indissociable*** avec le compte de résultat et le bilan. Elle ***complète et commente*** l'information donnée par le bilan et le compte de résultat. Aucune inscription dans l'annexe ne peut se substituer à une inscription dans le bilan et dans le compte de résultat.

Par dérogation, toutes ***les micro-entreprises*** au sens comptable (personnes physiques ou morales) sont désormais dispensées d'établir l'annexe. Il s'agit d'entreprises qui ne dépassent pas pendant deux exercices successifs, deux des trois seuils suivants : 350 K€ de total de bilan, 700 K€ de CA net, 10 salariés. Quant aux ***petites entreprises*** au sens comptable (voir page 13), elles peuvent dorénavant présenter une annexe simplifiée.

Actuellement, l'annexe fournit des informations d'ordre :

Économique et financier →

- Modes et méthodes d'évaluation
- Évolution de certains postes
- Modes de calcul des amortissements, des dépréciations et des provisions
- Inventaire du portefeuille de titres de placement
- Utilisation du crédit d'impôt pour la compétitivité et l'emploi (CICE)
- …

Juridique → Montants des engagements financiers
Structure du capital
Dettes garanties par des sûretés réelles
…

Fiscal → Répartition de l'impôt entre le résultat courant et le résultat exceptionnel
…

Social → Effectif des salariés
Montant de la masse salariale
Montant des sommes versées au titre des avantages sociaux
…

Les informations de l'annexe doivent répondre à trois qualités :

- ***être compréhensibles*** par le plus grand nombre ;
- ***être significatives*** ;
- ***être explicites et concises***.

Elles sont en général structurées en ***cinq parties*** :

– faits caractéristiques de l'exercice ;

– principes comptables, règles et méthodes d'évaluation, comparabilité des comptes ;

– notes relatives aux postes de bilan ;

– notes relatives au compte de résultat ;

– autres informations (événements postérieurs à la clôture, engagements et autres opérations non inscrites au bilan, aspects environnementaux).

Les informations de l'annexe doivent permettre ***d'éclairer le jugement du lecteur*** sur les comptes annuels relatifs à la situation patrimoniale, financière et sur les résultats de l'entreprise.

Actuellement, aucune présentation normalisée n'est imposée pour l'annexe. Toutefois, dans le cadre de la transposition en droit interne des dispositions de la directive comptable unique, l'ordonnance et le décret du 23 juillet 2015 relatifs aux obligations comptables des commerçants prévoient ***des modifications importantes*** relatives au contenu de l'annexe pour tenir compte notamment :

– de la présentation imposée des informations ;

– des obligations d'informations selon les catégories comptables des entreprises (petites entreprises, moyennes entreprises, grandes entreprises) avec un socle d'informations minimales pour toute entreprise.

Ainsi, le contenu de l'annexe des petites entreprises au sens comptable (voir page 13) est unifié et constitue le socle commun d'informations.

Un règlement de l'ANC fixera le contenu de l'annexe pour chaque catégorie d'entreprise.

2 La présentation des tableaux de l'annexe du Plan comptable général

Le Plan comptable général propose des modèles de tableaux pour présenter les informations relatives à certains postes du bilan et du compte de résultat sachant qu'ils ne dispensent pas de commentaires significatifs.

■ *Les tableaux du système de base*

Les différents tableaux de l'annexe en ***système de base*** sont présentés aux pages 40 à 47.

a) Le tableau des immobilisations

Art. 832-1 Tableau des immobilisations

I. Cadre général

Rubriques (a) / Situations et mouvements (b)	A Valeur brute à l'ouverture de l'exercice	B Augmentations	C Diminutions	D Valeur brute à la clôture de l'exercice (c)
Immobilisations incorporelles .... Immobilisations corporelles .... Immobilisations financières				
Total				

(a) À développer si nécessaire selon la nomenclature des postes du bilan. Lorsqu'il existe des frais d'établissement, ils doivent faire l'objet d'une ligne séparée.
(b) Les entités subdivisent les colonnes pour autant que de besoin [cf. ci-dessous développement des colonnes B (augmentations) et C (diminutions)].
(c) La valeur brute à la clôture de l'exercice est la somme algébrique des colonnes précédentes (A + B – C = D).

II. Aménagement du cadre général

1. Développement de la colonne **B** (augmentations) →

Augmentations de l'exercice	Ventilation des augmentations				
	Virements		Entrées		
	De poste à poste	Provenant de l'actif circulant	Acquisitions	Apports	Créations

2. Développement de la colonne **C** (diminutions) →

Diminutions de l'exercice	Ventilation des diminutions				
	Virements		Sorties		
	De poste à poste	À destination de l'actif circulant	Cessions	Scissions	Mises hors service

b) Le tableau des amortissements

Art. 832-2 Tableau des amortissements

I. Cadre général

Situations et mouvements (b) / Rubriques (a)	A	B	C	D
	Amortissements cumulés au début de l'exercice	Augmentations Dotations de l'exercice	Diminutions d'amortissements de l'exercice	Amortissements cumulés à la fin de l'exercice (c)
Immobilisations incorporelles .... Immobilisations corporelles .... Immobilisations financières				
Total				

(a) À développer si nécessaire selon la même nomenclature que celle du tableau des immobilisations.
(b) Les entités subdivisent les colonnes pour autant que de besoin [cf. ci-dessous développement des colonnes B (augmentations) et C (diminutions)].
(c) Les amortissements cumulés à la fin de l'exercice sont égaux à la somme algébrique des colonnes précédentes (A + B – C = D).

II. Aménagement du cadre général

1. Développement de la colonne **B** (augmentations) →

Dotations de l'exercice	Ventilation des dotations			
	Compléments liés à une réévaluation	Sur éléments amortis selon mode linéaire	Sur éléments amortis selon autre mode	Dotations exceptionnelles

2. Développement de la colonne **C** (diminutions) →

Diminutions de l'exercice	Ventilation des diminutions		
	Éléments transférés à l'actif circulant	Éléments cédés	Éléments mis hors service

c) Le tableau des dépréciations

Art. 832-3 Tableau des dépréciations

I. Cadre général

Rubriques (a) / Situations et mouvements (b)	A Dépréciations au début de l'exercice	B Augmentations Dotations de l'exercice	C Diminutions Reprises de l'exercice	D Dépréciations à la fin de l'exercice (c)
Immobilisations incorporelles				
Immobilisations corporelles				
Immobilisations financières				
Stocks				
Créances				
Valeurs mobilières de placement..........				
Total				

(a) À développer si nécessaire.
(b) Les entités subdivisent les colonnes pour autant que de besoin.
(c) Le montant des dépréciations à la fin de l'exercice est égal à la somme algébrique des colonnes précédentes (A + B – C = D).

Outre ces trois tableaux, l'annexe doit comporter des informations détaillées sur les amortissements et les dépréciations des actifs et de leurs composants ; citons notamment :

- *les modalités de calcul (mode d'amortissement, durée de l'amortissement, taux d'amortissement…) ;*
- *les valeurs retenues (valeur résiduelle, valeur actuelle…) ;*
- *les postes du compte de résultat dans lesquels sont incluses les dotations ;*
- *…*

d) Le tableau des provisions

Art. 832-4 Tableau des provisions

I. Cadre général

Situations et mouvements (b) / Rubriques (a)	A	B	C		D
			Diminutions		
	Provisions au début de l'exercice	Augmentations Dotations de l'exercice	Montants utilisés au cours de l'exercice	Montants non utilisés repris au cours de l'exercice	Provisions à la fin de l'exercice (c)
Provisions réglementées .... Provisions pour risques .... Provisions pour charges					
Total					

(a) À développer si nécessaire (le cas échéant, il convient de mettre en évidence entre autres les provisions pour pensions et obligations similaires, les provisions pour impôts, les provisions pour renouvellement des immobilisations concédées…).
(b) Les entités subdivisent les colonnes pour autant que de besoin [cf. ci-dessous développement des colonnes B (augmentations) et C (diminutions)].
(c) Le montant des provisions à la fin de l'exercice est égal à la somme algébrique des colonnes précédentes (A + B – C = D).

II. Aménagement du cadre général

1. Développement de la colonne **B** (augmentations) →

Dotations de l'exercice	Ventilation des dotations		
	Exploitation	Financier	Exceptionnel

2. Développement de la colonne **C** (diminutions) →

Reprises de l'exercice	Ventilation des reprises		
	Exploitation	Financier	Exceptionnel

e) L'état des échéances des créances et des dettes à la clôture de l'exercice

Art. 832-5 État des échéances des créances et des dettes à la clôture de l'exercice

Créances (a)	Montant brut	Liquidité de l'actif	
		Échéances à 1 an au plus	Échéances à plus 1 an
Créances de l'actif immobilisé :			
Créances rattachées à des participations			
Prêts (1)			
Autres			
Créances de l'actif circulant :			
Créances Clients et Comptes rattachés			
Autres			
Capital souscrit – appelé, non versé			
Charges constatées d'avance			
Total			
(1) Prêts accordés en cours d'exercice			
Prêts récupérés en cours d'exercice			

(a) Non compris les avances et acomptes versés sur commandes en cours.

Dettes (b)	Montant brut	Degré d'exigibilité du passif		
		Échéances à 1 an au plus	Échéances à plus 1 an	Échéances à plus 5 ans
Emprunts obligataires convertibles (2)				
Autres emprunts obligataires (2)				
Emprunts (2) et dettes auprès des établissements de crédit dont :				
– à 2 ans au maximum à l'origine				
– à plus de 2 ans à l'origine				
Emprunts et dettes financières divers (2) (3)				
Dettes Fournisseurs et Comptes rattachés				
Dettes fiscales et sociales				
Dettes sur immobilisations et Comptes rattachés				
Autres dettes (3)				
Produits constatés d'avance				
Total				
(2) Emprunts souscrits en cours d'exercice				
Emprunts remboursés en cours d'exercice				
(3) Dont..... envers les associés (indication du poste concerné)				

(b) Non compris les avances et acomptes reçus sur commandes en cours.

f) Le tableau des filiales et participations

Art. 832-6 Tableau des filiales et participations

Informations financières (5) / Filiales et participations (1)	Capital (6)	Réserves et report à nouveau avant affectation des résultats (6) (9)	Quote-part du capital détenue (en pourcentage)	Valeurs comptables des titres détenus (7)		Prêts et avances consentis par la société et non encore remboursés (8)	Montant des cautions et avals donnés par la société	Chiffre d'affaires hors taxes du dernier exercice écoulé (9)	Résultats (bénéfice ou perte du dernier exercice clos) (9)	Dividendes encaissés par la société au cours de l'exercice	Observations
				Brute	Nette						
A. Renseignements détaillés concernant les filiales et les participations ci-dessous (2) (3).											
1. Filiales (à détailler)................................... (+ de 50 % du capital détenu par la société).											
2. Participations (à détailler)......................... (10 à 50 % du capital détenu par la société).											
B. Renseignements globaux concernant les autres filiales ou participations											
1. Filiales non reprises au § A.											
a. Filiales françaises (ensemble)..................											
b. Filiales étrangères (ensemble) (4)............											
2. Participations non reprises au § A.											
a. Dans les sociétés françaises (ensemble)..											
b. Dans les sociétés étrangères (ensemble).											

(1) Pour chacune des filiales et des entités avec lesquelles la société a un lien de participation, indiquer s'il y a lieu le numéro d'identification national (numéro SIREN).
(2) Dont la valeur d'inventaire excède un certain pourcentage (déterminé par la réglementation) du capital de la société astreinte à la publication. Lorsque la société a annexé à son bilan, un bilan des comptes consolidés conformément à la réglementation, cette société ne donne des renseignements que globalement (§ B) en distinguant (a) filiales françaises (ensemble) et (b) filiales étrangères (ensemble).
(3) Pour chaque filiale et entité avec laquelle la société a un lien de participation indiquer la dénomination et le siège social.
(4) Les filiales et participations étrangères qui, par suite d'une dérogation, ne seraient pas inscrites au § A sont inscrites sous ces rubriques.
(5) Mentionner au pied du tableau la parité entre l'euro et les autres devises.
(6) Dans la monnaie locale d'opération.
(7) Si le montant inscrit a été réévalué, indiquer le montant de l'écart de réévaluation dans la colonne Observations.
(8) Mentionner dans cette colonne le total des prêts et avances (sous déduction des remboursements) à la clôture de l'exercice et, dans la colonne Observations, les provisions constituées le cas échéant.
(9) S'il s'agit d'un exercice dont la clôture ne coïncide pas avec celle de l'exercice de la société, le préciser dans la colonne Observations.

g) Le tableau du portefeuille de TIAP

Art. 832-7 Tableaux du portefeuille de TIAP*

Valeur estimative du portefeuille de TIAP

Exercice / Décomposition de la valeur estimative	Montant à l'ouverture de l'exercice			Montant à la clôture de l'exercice		
	Valeur comptable brute	Valeur comptable nette	Valeur estimative	Valeur comptable brute	Valeur comptable nette	Valeur estimative
Fractions du portefeuille évaluées :						
– au coût de revient						
– au cours de bourse						
– d'après la situation nette						
– d'après la situation nette réestimée						
– d'après une valeur de rendement ou de rentabilité						
– d'après d'autres méthodes à préciser)						
Valeur estimative du portefeuille						

* Titres immobilisés de l'activité de portefeuille

Variation de la valeur du portefeuille de TIAP

Mouvements de l'exercice / Valeur du portefeuille	Valeur comptable nette	Valeur estimative
Montant à l'ouverture de l'exercice		
Acquisition de l'exercice		
Cession de l'exercice (en prix de vente)		
Reprises de dépréciations sur titres cédés		
Plus-values sur cessions de titres :		
– détenus au début de l'exercice		
– acquis dans l'exercice		
Variation de la dépréciation du portefeuille		
Autres variations de plus-values latentes :		
– sur titres acquis dans l'exercice		
– sur titres acquis antérieurement		
Autres mouvements comptables (à préciser)		
Montant à la clôture de l'exercice		

Exemple

L'extrait des balances par soldes des comptes au 31 décembre N nécessaire à l'établissement des tableaux des immobilisations, des amortissements, des dépréciations et des provisions est le suivant :

N°	Intitulé des comptes	Avant inventaire		Après inventaire	
		SD	SC	SD	SC
151	*Provisions pour risques*		*4 000*		*5 000*
2154	*Matériel industriel*	*76 300*		*59 400*	
21833	*Matériel de bureau et matériel informatique*	*14 000*		*14 000*	
2815	*Amortissements du matériel industriel*		*26 330*		*23 146*
28183	*Amortissements du matériel de bureau et matériel informatique*		*5 600*		*8 400*
491	*Dépréciation des comptes clients*		*4 160*		*2 020*
6811	*Dotations aux amortissements des immobilisations incorporelles et corporelles*			*8 066*	
6815	*Dotations aux provisions d'exploitation*			*1 000*	
6817	*Dotations aux dépréciations des actifs circulants*			*800*	
7817	*Reprises sur dépréciations des actifs circulants*				*2 940*

Une machine acquise 16 900 € hors taxes en N – 4 a été cédée en N ; le total des amortissements pratiqués s'élève à 8 450 € après inventaire.

Tableau des immobilisations

Immobilisations corporelles

A : 76 300 + 14 000 = 90 300 €

B : néant

C : 16 900 €

D : 90 300 – 16 900 = 73 400 €

Soit d'après l'extrait des balances : 59 400 + 14 000 €

Tableau des immobilisations

Situations et mouvements (b) / Rubriques (a)	A Valeur brute à l'ouverture de l'exercice	B Augmentations	C Diminutions	D Valeur brute à la clôture de l'exercice (c)
Immobilisations incorporelles				
Immobilisations corporelles	90 300		16 900	73 400
Immobilisations financières				
TOTAL	90 300		16 900	73 400

(a) À développer si nécessaire selon la nomenclature des postes du bilan. Lorsqu'il existe des frais d'établissement, ils doivent faire l'objet d'une ligne séparée.
(b) Les entités subdivisent les colonnes pour autant que de besoin [cf. ci-dessous développement des colonnes B (augmentations) et C (diminutions)].
(c) La valeur brute à la clôture de l'exercice est la somme algébrique des colonnes précédentes (A + B – C = D).

Tableau des amortissements

Immobilisations corporelles

A : 26 330 + 5 600 = 31 930 €

B : 8 066 €

C : 8 450 €

D : 31 930 + 8 066 – 8 450 = 31 546 €

Soit d'après l'extrait des balances : 23 146 + 8 400 €

Tableau des amortissements

Situations et mouvements (b) Rubriques (a)	A Amortissements cumulés au début de l'exercice	B Augmentations Dotations de l'exercice	C Diminutions d'amortissements de l'exercice	D Amortissements cumulés à la fin de l'exercice (c)
Immobilisations incorporelles .... Immobilisations corporelles .... Immobilisations financières	31 930	8 066	8 450	31 546
TOTAL	31 930	8 066	8 450	31 546

(a) À développer si nécessaire selon la même nomenclature que celle du tableau des immobilisations.
(b) Les entités subdivisent les colonnes pour autant que de besoin [cf. ci-dessous développement des colonnes B (augmentations) et C (diminutions)].
(c) Les amortissements cumulés à la fin de l'exercice sont égaux à la somme algébrique des colonnes précédentes (A + B – C = D).

Tableau des provisions

Provisions pour risques

A : 4 000 €

B : 1 000 €

C : néant

D : 4 000 + 1 000 = 5 000 €

Tableau des provisions

Rubriques (a) / Situations et mouvements (b)	A	B	C		D
	Provisions au début de l'exercice	Augmentations Dotations de l'exercice	Diminutions		Provisions à la fin de l'exercice (c)
			Montants utilisés au cours de l'exercice	Montants non utilisés repris au cours de l'exercice	
Provisions réglementées					
Provisions pour risques	4 000	1 000			5 000
Provisions pour charges					
Total	4 000	1 000			5 000

(a) À développer si nécessaire (le cas échéant, il convient de mettre en évidence entre autres les provisions pour pensions et obligations similaires, les provisions pour impôts, les provisions pour renouvellement des immobilisations concédées…).
(b) Les entités subdivisent les colonnes pour autant que de besoin [cf. ci-dessous développement des colonnes B (augmentations) et C (diminutions)].
(c) Le montant des provisions à la fin de l'exercice est égal à la somme algébrique des colonnes précédentes (A + B – C = D).

Tableau des dépréciations

Dépréciations

A : 4 160 €

B : 800 €

C : 2 940 €

D : 4 160 + 800 – 2 940 = 2 020 €

Tableau des dépréciations

Rubriques (a) / Situations et mouvements (b)	A Dépréciations au début de l'exercice	B Augmentations Dotations de l'exercice	C Diminutions Reprises de l'exercice	D Dépréciations à la fin de l'exercice (c)
Immobilisations incorporelles				
Immobilisations corporelles				
Immobilisations financières				
Stocks				
Créances	4 160	800	2 940	2 020
Valeurs mobilières de placement..........				
Total	4 160	800	2 940	2 020

(a) À développer si nécessaire.
(b) Les entités subdivisent les colonnes pour autant que de besoin.
(c) Le montant des dépréciations à la fin de l'exercice est égal à la somme algébrique des colonnes précédentes (A + B – C = D).

■ *Les tableaux du système développé*

Le ***système développé*** prévoit trois tableaux supplémentaires qui permettent l'analyse des comptes annuels :

- art. 832-8 Tableau des soldes intermédiaires de gestion
- art. 832-9 Détermination de la capacité d'autofinancement
- art. 832-10 Modèle de tableau des emplois et des ressources

Ils seront étudiés dans les chapitres concernés.

3 La présentation simplifiée de l'annexe

Rappelons qu'une présentation simplifiée de l'annexe peut être adoptée par ***les petites entreprises*** au sens comptable si elles ne dépassent pas pendant deux exercices successifs, deux des trois seuils suivants : 4 M€ de total de bilan, 8 M€ de CA net, 50 salariés.

L'analyse de l'activité et de la performance de l'entreprise

PARTIE 2

Les soldes intermédiaires de gestion (SIG)

Chapitre 4

Les soldes intermédiaires de gestion se calculent à partir des éléments contenus dans le compte de résultat. Leur étude permet :
- *de comprendre la formation du résultat net ;*
- *de suivre dans l'espace et dans le temps l'évolution de la performance et de la rentabilité de l'activité de l'entreprise.*

1 La structure des soldes

Actuellement, le tableau des soldes intermédiaires de gestion comprend ***neuf soldes***.

Chaque solde, sauf la production de l'exercice, s'obtient par ***différence*** entre une somme de produits et une somme de charges. Notons que l'évolution attendue de la structure du compte de résultat dans le cadre de la transposition de la directive comptable unique aura une incidence sur les SIG.

Par ailleurs, pour une analyse pertinente des SIG d'une entreprise, il est indispensable de ***connaître son environnement économique*** (secteur d'activité, évolution du marché, concurrence…).

■ *La marge commerciale*

La marge commerciale ne concerne que l'activité de négoce. Elle représente la ***ressource dégagée par l'activité commerciale*** de l'entreprise et permet d'apprécier l'évolution de sa politique commerciale. Elle s'exprime généralement en pourcentage du chiffre d'affaires.

La marge commerciale globale de l'entreprise peut être décomposée par ligne de produits pour une meilleure appréciation de sa composition et de son évolution dans le temps.

Calculs	Exemple
Ventes nettes de marchandises – Coût d'achat des marchandises vendues = **Marge commerciale**	Les soldes des comptes sont les suivants : 707 Ventes de marchandises : 892 000 709 RRR accordés : 7 500 607 Achats de marchandises : 485 000 609 RRR obtenus : 2 720 6037 Variation de stocks de marchandises : 63 000 (SC) **Marge commerciale = 465 220** (892 000 – 7 500) – [(485 000 – 2 720) – 63 000] 884 500 – 419 280

La production de l'exercice

La production de l'exercice ne concerne que les activités industrielles et de services. Elle évalue le ***niveau d'activité de production*** de l'entreprise.

Calculs	Exemple
Production vendue (évaluée au prix de vente) + ou – Production stockée (évaluée au coût de production) + Production immobilisée (évaluée au coût de production) = **Production de l'exercice**	Les soldes des comptes sont les suivants : 701 Ventes de produits finis : 975 000 706 Ventes de prestations de services : 262 000 7091 RRR accordés : 6 320 71 Production stockée : 136 400 72 Production immobilisée : 125 000 **Production de l'exercice = 1 492 080** (975 000 + 262 000 – 6 320 + 136 400 + 125 000)

La valeur ajoutée

La valeur ajoutée mesure le poids économique de l'entreprise et son niveau de croissance. Elle détermine la ***richesse créée*** par l'entreprise. C'est l'indicateur privilégié pour apprécier l'activité économique de l'entreprise.

La valeur ajoutée sert à ***rémunérer*** l'État, le personnel, les prêteurs, les associés et l'entreprise.

Calculs	Exemple
Marge commerciale + Production de l'exercice – Consommations de l'exercice en provenance des tiers = **Valeur ajoutée**	Les éléments sont les suivants :

	Marge commerciale	:	465 220
	Production de l'exercice	:	1 492 080
601	Achats de matières premières	:	687 000
6091	RRR obtenus	:	9 530
6031	Variation stocks matières premières	:	52 700
606	Achats non stockés	:	82 600
61	Services extérieurs	:	65 300
62	Autres services extérieurs	:	47 250

Valeur ajoutée = 1 031 980

(465 220 + 1 492 080) – [(687 000 – 9 530) + 52 700 + 82 600 + 65 300 + 47 250]

1 957 300 – 925 320

L'excédent brut d'exploitation (EBE)

L'excédent brut d'exploitation mesure la ***performance économique*** de l'entreprise et indique la ***rentabilité de son activité normale***, indépendamment de la politique d'amortissement, du coût de l'endettement et du mode d'imposition. En outre, il exprime la capacité de l'entreprise à générer des ressources de trésorerie par son activité principale et représente ainsi un flux de fonds.

L'excédent brut d'exploitation est l'indicateur de gestion privilégié pour effectuer des comparaisons interentreprises dans le même secteur d'activité.

Calculs	Exemple
Valeur ajoutée + Subventions d'exploitation – Impôts, taxes et versements assimilés – Charges de personnel = **Excédent brut d'exploitation**	Les éléments sont les suivants :

	Valeur ajoutée	:	1 031 980
74	Subventions d'exploitation	:	45 000
63	Impôts, taxes et versements assimilés	:	38 700
64	Charges de personnel	:	520 000

Excédent brut d'exploitation = 518 280

(1 031 980 + 45 000) – (38 700 + 520 000)

1 076 980 – 558 700

L'excédent brut d'exploitation peut être négatif ; il s'agit alors d'***une insuffisance brute d'exploitation (IBE)*** qui traduit une rentabilité insuffisante.

Le résultat d'exploitation

Le résultat d'exploitation représente la ***ressource nette dégagée par l'activité normale*** de l'entreprise indépendamment de sa politique financière mais en tenant compte de sa politique d'amortissements, de dépréciations et de provisions.

Contrairement à l'excédent brut d'exploitation, il ne représente pas un flux de fonds puisqu'il est constitué en partie par des produits et des charges calculés.

Ce solde peut être négatif.

Calculs

Excédent brut d'exploitation

\+

Reprises et transferts sur charges d'exploitation

\+

Autres produits de gestion

–

Dotations aux amortissements, dépréciations et provisions d'exploitation

–

Autres charges de gestion

=

Résultat d'exploitation

Exemple

Les éléments sont les suivants :

	Excédent brut d'exploitation	:	518 280
7817	Reprises sur dépréciations des actifs circulants	:	12 320
75	Autres produits de gestion courante	:	80 000
681	Dotations aux amortissements, dépréciations et provisions	:	39 560
654	Pertes sur créances irrécouvrables	:	8 420

Résultat d'exploitation = 562 620

(518 280 + 12 320 + 80 000) – (39 560 + 8 420)

610 600 – 47 980

Le résultat courant avant impôt

Le résultat courant avant impôt mesure la ***rentabilité économique et financière*** de l'entreprise.

Il est utile de le comparer au résultat d'exploitation pour analyser l'impact de la politique financière (politiques d'endettement, de placement…) sur la formation du résultat.

Ce solde peut être négatif.

Calculs

Résultat d'exploitation

\+

Quotes-parts de résultat sur opérations faites en commun

\+

Produits financiers

–

Charges financières

=

Résultat courant avant impôt

Exemple

Les éléments sont les suivants :

	Résultat d'exploitation	:	562 620
755	Quotes-parts de résultat sur opérations faites en commun	:	48 730
76	Produits financiers	:	53 670
66	Charges financières	:	92 800

Résultat courant avant impôt = 572 220

(562 620 + 48 730 + 53 670) – (92 800)

665 020 – 92 800

Le résultat exceptionnel

Le résultat exceptionnel mesure les ***ressources dégagées par les opérations non courantes*** de l'entreprise. Il n'est pas calculé à partir d'un solde précédent.

Ce solde peut être ***négatif***.

Rappelons que la nouvelle directive comptable prévoit la ***suppression*** du résultat exceptionnel.

Calculs	Exemple
Produits exceptionnels	La situation des comptes est la suivante :
–	77 Produits exceptionnels : 38 570
Charges exceptionnelles	67 Charges exceptionnelles : 27 300
=	
Résultat exceptionnel	**Résultat exceptionnel = 11 270** 38 570 – 27 300

Le résultat net de l'exercice

Le résultat net de l'exercice indique ***les ressources qui restent à la disposition de l'entreprise et le revenu des associés après impôt***.

Ce solde peut être négatif.

Calculs	Exemple
Résultat courant avant impôt	Les éléments sont les suivants :
+ ou –	
Résultat exceptionnel	Résultat courant avant impôt : 572 220
–	Résultat exceptionnel : 11 270
Participation des salariés	69 Impôt sur les bénéfices : 160 000
–	
Impôt sur les bénéfices	
=	
Résultat net de l'exercice	**Résultat net de l'exercice = 423 490** (572 220 + 11 270) – (160 000) 583 490 – 160 000

Les plus-values et les moins-values sur cessions d'éléments d'actif

Ce solde est déjà inclus dans le résultat exceptionnel. Il permet de mesurer le ***désinvestissement*** dans l'entreprise.

Calculs	Exemple
Produits des cessions d'éléments d'actif – Valeurs comptables des éléments d'actif cédés = **Plus-values et moins-values sur cessions d'éléments d'actif**	Les soldes des comptes sont les suivants : 675 Valeurs comptables des éléments d'actif cédés : 25 000 775 Produits des cessions d'éléments d'actif : 36 000 **± Values sur cessions d'éléments d'actif = 11 000** 36 000 – 25 000

2 La hiérarchie des soldes

Les neuf soldes intermédiaires de gestion montrent les différentes étapes de la formation du résultat net de l'exercice.

707 – 7097	Ventes nettes	
607 – 6097 ± 6037	– Coût d'achat des marchandises vendues	
	(1) = Marge commerciale	
	Production vendue	**70** (sf 707) **– 709**
	± Production stockée	**71**
	+ Production immobilisée	**72 et 73**
	(2) = Production de l'exercice	
	Marge commerciale	
	+ Production de l'exercice	
	– Consommations de l'exercice en provenance des tiers	**601 à 606 – 6091 à 6096 ± 6031 et 6032 ; 61 et 62**
	(3) = Valeur ajoutée	

		Valeur ajoutée	
	+	Subventions d'exploitation	**74**
	–	Impôts, taxes et versements assimilés	**63**
	–	Charges de personnel	**64**
(4)	**=**	**Excédent brut d'exploitation**	

		Excédent brut d'exploitation	
	+	Reprises sur charges d'exploitation	**781**
	+	Transferts de charges	**791**
	+	Autres produits de gestion	**75** (sf 755)
	–	Dotations sur charges d'exploitation	**681**
	–	Autres charges de gestion	**65** (sf 655)
(5)	**=**	**Résultat d'exploitation**	

		Résultat d'exploitation	
	±	Quotes-parts de résultat sur opérations faites en commun	**755 – 655**
	+	Produits financiers	**76 ; 786 et 796**
	–	Charges financières	**66 et 686**
(6)	**=**	**Résultat courant avant impôt**	

77 ; 787 et 797	Produits exceptionnels
	–
67 et 687	Charges exceptionnelles
	=
(7)	**Résultat exceptionnel**

		Résultat courant avant impôt	
	±	Résultat exceptionnel	
	–	Participation des salariés	**691**
	–	Impôts sur les bénéfices	**695**
(8)	**=**	**Résultat net de l'exercice**	

		Produits des cessions d'éléments d'actif	**775**
	–	Valeurs comptables des éléments d'actif cédés	**675**
(9)	**=**	**Résultat sur cessions d'éléments d'actif immobilisés**	

Les trois premiers soldes :
- marge commerciale ;
- production de l'exercice ;
- valeur ajoutée ;

permettent d'***apprécier l'activité*** de l'entreprise.

Les six autres :
- excédent brut d'exploitation (ou insuffisance brut d'exploitation) ;
- résultat d'exploitation ;
- résultat courant avant impôt ;
- résultat exceptionnel ;
- résultat net de l'exercice ;
- résultat sur cessions d'élément d'actif immobilisés ;

sont consacrés à ***l'analyse du résultat***.

3 Le modèle du tableau des soldes intermédiaires de gestion

Le Plan comptable général préconise un modèle de présentation de ce tableau à son article 832-8 (voir page 64).

Art. 832-8 Tableau des soldes intermédiaires de gestion

Produits (Colonne 1)		Charges (Colonne 2)		Soldes intermédiaires (Colonne 1 – Colonne 2)	N	N – 1
Ventes de marchandises	....	Coût d'achat des marchandises vendues	....	Marge commerciale	....	....
Production vendue Production stockée Production immobilisée	....	ou Déstockage de production (a)	....			
Total	....	**Total**	....	Production de l'exercice	....	....
Production de l'exercice Marge commerciale	....	Consommation de l'exercice en provenance de tiers				
Total	....		....	Valeur ajoutée	....	....
Valeur ajoutée Subventions d'exploitation	....	Impôts, taxes et versements assimilés (b) Charges de personnel	....			
Total	....	**Total**	....	Excédent brut (ou insuffisance brute) d'exploitation	....	....
Excédent brut d'exploitation Reprises sur charges et transferts de charges Autres produits	....	ou Insuffisance brute d'exploitation Dotations aux amortissements, dépréciations et provisions Autres charges	....			
Total	....	**Total**	....	Résultat d'exploitation (bénéfice ou perte)	....	....
Résultat d'exploitation Quotes-parts de résultats sur opérations faites en commun Produits financiers	....	ou Résultat d'exploitation Quotes-parts de résultats sur opérations faites en commun...; Charges financières	....			
Total	....	**Total**	....	Résultat courant avant impôts (bénéfice ou perte)	....	....
Produits exceptionnels	....	Charges exceptionnelles	....	Résultat exceptionnel (bénéfice ou perte)	....	....
Résultat courant avant impôts Résultat exceptionnel	....	ou Résultat courant avant impôts ou Résultat exceptionnel Participation des salariés Impôts sur les bénéfices	....			
Total	....	**Total**	....	Résultat de l'exercice (bénéfice ou perte) (c)	....	....
Produits des cessions d'éléments d'actif	....	Valeur comptable des éléments cédés	....	Plus-values et moins-values sur cessions d'éléments d'actif	....	....

(a) En déduction des produits dans le compte de résultat.
(b) Pour le calcul de la valeur ajoutée, sont assimilés à des consommations externes les impôts indirects à caractère spécifique inscrits au compte 635 « Impôts, taxes et versements assimilés » et acquittés lors de la mise à la consommation des biens taxables.
(c) Soit total général des produits – total général des charges.

4 Le tableau récapitulatif des retraitements des soldes intermédiaires de gestion par la Banque de France

Les soldes intermédiaires de gestion préconisés par la Banque de France (BDF) diffèrent de ceux du PCG. Ils permettent une ***meilleure comparaison*** des SIG dans le temps et dans l'espace, et reflètent mieux la réalité économique de l'entreprise. Les cinq retraitements les plus courants sont :

- ***les subventions d'exploitation*** considérées comme un complément de chiffre d'affaires, selon leur objet ;
- ***les charges de sous-traitance de fabrication*** retirées de la production de l'exercice afin de dégager la production propre à l'entreprise ;
- ***le coût du personnel intérimaire*** et ***la participation des salariés*** ajoutés aux charges de personnel pour former le coût du facteur travail ;
- ***le poste « Impôts, taxes et versements assimilés »*** considéré comme des consommations externes ;
- ***les redevances de crédit-bail***, divisées en deux éléments : une partie en amortissements et une autre en charge financière.

SIG de la Banque de France	SIG du Plan comptable général	Retraitements
Production de l'exercice BDF	= Production de l'exercice PCG	+ Subventions d'exploitation – Sous-traitance de fabrication
Valeur ajoutée BDF	= Valeur ajoutée PCG	+ Subventions d'exploitation + Redevances crédit-bail + Personnel extérieur – Impôts, taxes et versements assimilés
Excédent brut d'exploitation BDF	= Excédent brut d'exploitation PCG	+ Redevances crédit-bail – Participation des salariés
Résultat d'exploitation BDF	= Résultat d'exploitation PCG	+ Charges financières sur crédit-bail – Participation des salariés
Résultat courant avant impôt BDF	= Résultat courant avant impôt PCG	– Participation des salariés

Les soldes de la Banque de France après le résultat courant avant impôt ***sont identiques*** à ceux du Plan comptable général.

Exemple

Les soldes des comptes de gestion de l'entreprise sont les suivants :

– Achats stockés – Matières (et fournitures) :	*46 000*
– Variation des stocks de matières (et fournitures) :	*– 1 000*
– Services extérieurs :	*40 000*
*– Autres services extérieurs (*dont personnel intérimaire 6 000 €*) :*	*19 000*
– Impôts, taxes et versements assimilés :	*2 300*
– Rémunérations du personnel :	*29 000*
– Charges de sécurité sociale et de prévoyance :	*9 100*
– Intérêts des emprunts et dettes :	*240*
– Charges exceptionnelles sur opération de gestion :	*250*
– Valeurs comptables des éléments d'actif cédés :	*50*
– Dotations aux amortissements sur immobilisations corporelles :	*900*
– Ventes de produits finis :	*145 000*
– Variation des en-cours de production de biens :	*+ 2 000*
– Subventions d'exploitation :	*200*
– Revenus des valeurs mobilières de placement :	*130*
– Produits nets sur cessions de valeurs mobilières de placement :	*50*
– Produits des cessions d'éléments d'actif :	*100*
– Reprises sur provisions financières :	*20*

L'entreprise décide de retraiter uniquement le coût du personnel intérimaire.

Calculs préliminaires

Coût du personnel intérimaire : il doit être ***retranché*** des consommations de l'exercice en provenance des tiers et ajouté aux charges de personnel.

Consommation de l'exercice en provenance des tiers : (46 000 – 1 000) + 40 000 + (19 000 – 6 000)	= 98 000 €
Charges de personnel : 29 000 + 9 100 + 6 000	= 44 100 €
Produits financiers : 130 + 50 + 20	= 200 €
Charges exceptionnelles : 250 + 50	= 300 €

Il s'agit d'une ***entreprise de production de biens*** puisqu'elle achète des matières et vend des produits finis. En conséquence, le premier solde à calculer est la production de l'exercice.

Tableau des soldes intermédiaires de gestion

Produits (Colonne 1)		**Charges** (Colonne 2)		**Soldes intermédiaires** (Colonne 1 – Colonne 2)	**N**	**N – 1**
Ventes de marchandises	0	Coût d'achat des marchandises vendues	0	Marge commerciale	0	....
Production vendue Production stockée Production immobilisée	145 000 2 000	ou Déstockage de production (a).	0			
Total	147 000	**Total**	0	Production de l'exercice	147 000	....
Production de l'exercice Marge commerciale	147 000 0	Consommation de l'exercice en provenance de tiers				
Total	147 000		98 000	Valeur ajoutée	49 000	....
Valeur ajoutée Subventions d'exploitation	49 000 200	Impôts, taxes et versements assimilés (b) Charges de personnel	2 300 44 100			
Total	49 200	**Total**	46 400	Excédent brut (ou insuffisance brute) d'exploitation	2 800	....
Excédent brut d'exploitation Reprises sur charges et transferts de charges Autres produits	2 800 0 0	ou Insuffisance brute d'exploitation Dotations aux amortissements, dépréciations et provisions Autres charges	0 900 0			
Total	2 800	**Total**	900	Résultat d'exploitation (bénéfice ou perte)	1 900	....
Résultat d'exploitation Quotes-parts de résultats sur opérations faites en commun Produits financiers	1 900 0 200	ou Résultat d'exploitation Quotes-parts de résultats sur opérations faites en commun Charges financières	0 0 240			
Total	2 100	**Total**	240	Résultat courant avant impôts (bénéfice ou perte)	1 860	....
Produits exceptionnels	100	Charges exceptionnelles	300	Résultat exceptionnel (bénéfice ou perte)	– 200	....
Résultat courant avant impôts Résultat exceptionnel	1 860 0	ou Résultat courant avant impôts ou Résultat exceptionnel Participation des salariés Impôts sur les bénéfices	0 200 0 0			
Total	1 860	**Total**	200	Résultat de l'exercice (bénéfice ou perte) (c)	1 660	....
Produits des cessions d'éléments d'actif	100	Valeur comptable des éléments cédés	50	Pls-vaes et moins-values sur cessions d'éléments d'actif	50	....

(a) En déduction des produits dans le compte de résultat.
(b) Pour le calcul de la valeur ajoutée, sont assimilés à des consommations externes les impôts indirects à caractère spécifique inscrits au compte 635 « Impôts, taxes et versements assimilés » et acquittés lors de la mise à la consommation des biens taxables.
(c) Soit total général des produits – total général des charges.

5 Les ratios

La détermination des soldes intermédiaires de gestion permet de calculer un certain nombre de ratios afin de procéder à des analyses successives dans l'espace et dans le temps :

– ***de l'évolution de l'activité*** : variation des indicateurs d'activité (chiffre d'affaires, valeur ajoutée) ;
– ***de la profitabilité*** : aptitude à dégager une marge ou un profit pour un volume d'activité ;
– ***du partage de la valeur ajoutée*** : part de chaque facteur dans la création de richesse ;
– ***de la rentabilité économique et financière*** : aptitude à dégager un profit pour un niveau de ressources investies dans l'entreprise.

Les ratios d'activité

Nature	Formules	Interprétation
Taux de croissance du chiffre d'affaires hors taxes	$\frac{CA_n - CA_{n-1}}{CA_{n-1}}$	L'évolution du chiffre d'affaires permet de mesurer le taux de croissance de l'entreprise. L'analyse peut être menée par type d'activité, par produit, en volume et en prix.
Taux de croissance de la valeur ajoutée	$\frac{VA_n - VA_{n-1}}{VA_{n-1}}$	L'évolution de la valeur ajoutée est également un indicateur de croissance.

Les ratios de profitabilité

Nature	Formules	Interprétation
Taux de marge commerciale	$\frac{\text{Marge commerciale}}{\text{Ventes de marchandises HT}}$	Il mesure l'évolution de la performance de l'activité commerciale de l'entreprise. L'analyse peut être menée par ligne de produits.
Taux d'intégration	$\frac{\text{Valeur ajoutée}}{\text{CA HT}}$	Il mesure le taux d'intégration de l'entreprise dans le processus de production ainsi que le poids des charges externes.

Nature	Formules	Interprétation
Taux de marge brute d'exploitation	$\frac{\text{Excédent brut d'exploitation}}{\text{CA HT}}$	Il mesure la capacité de l'entreprise à générer une rentabilité à partir du CA indépendamment de sa politique d'investissement. L'analyse peut être menée par ligne de produits ou de services.
Taux de marge nette	$\frac{\text{Résultat de l'exercice}}{\text{CA HT}}$	Il mesure la capacité de l'entreprise à générer un bénéfice net à partir du chiffre d'affaires.
Taux de marge nette d'exploitation	$\frac{\text{Résultat d'exploitation}}{\text{CA HT}}$	Il mesure la capacité de l'entreprise à générer une rentabilité à partir du CA compte tenu de son activité d'exploitation.

Les ratios de partage de la valeur ajoutée

Nature	Formules	Interprétation
Partage de la valeur ajoutée (facteur travail)	$\frac{\text{Charges de personnel}}{\text{Valeur ajoutée}}$	Il mesure la part de richesse qui sert à rémunérer le travail des salariés.
Partage de la valeur ajoutée (facteur capital)	$\frac{\text{Excédent brut d'exploitation}}{\text{Valeur ajoutée}}$	Il mesure la part de richesse qui sert à rémunérer les apporteurs de capitaux et à renouveler le capital investi.
Partage de la valeur ajoutée (fournisseurs de capitaux)	$\frac{\text{Charges d'intérêts}}{\text{Valeur ajoutée}}$	Il mesure la part de richesse qui sert à rémunérer les capitaux empruntés.

Les ratios de rentabilité économique et financière

Nature	Formules	Interprétation
Taux de rentabilité économique (RE)	$\frac{\text{Excédent brut d'exploitation}}{\text{Capital engagé pour l'exploitation (ou actif économique)*}}$ ou $\frac{\text{Résultat d'exploitation net d'IS}}{\text{Capital engagé pour l'exploitation (ou actif économique)*}}$	Il mesure la capacité de l'entreprise à rentabiliser les fonds apportés par les associés et les prêteurs.
Taux de rentabilité financière (RF)	$\frac{\text{Résultat net}}{\text{Capitaux propres}}$	Il mesure l'aptitude de l'entreprise à rentabiliser les fonds apportés par les associés.

* Capital engagé pour l'exploitation = Immobilisations pour l'exploitation + Besoin en fonds de roulement d'exploitation ou Capitaux propres + Dettes financières

Pour affiner l'analyse des ratios de rentabilité économique et de rentabilité financière, il est utile de les décomposer en un produit de plusieurs ratios afin de repérer les leviers sur lesquels il convient d'agir pour les améliorer :

$$\textbf{Rentabilité économique} = \frac{\text{Résultat d'exploitation net d'IS}}{\text{Chiffre d'affaires HT}} \times \frac{\text{Chiffre d'affaires HT}}{\text{Capital engagé pour l'exploitation}}$$

$$\Downarrow \qquad\qquad \Downarrow$$

$$= \text{Taux de marge nette d'exploitation} \times \text{Taux de rotation du capital engagé pour l'exploitation}$$

Ainsi, la rentabilité économique dépend de la profitabilité et de l'efficacité de l'utilisation des capitaux investis.

$$\text{Rentabilité financière} = \frac{\text{Résultat net}}{\text{CA HT}} \times \frac{\text{CA HT}}{\text{Capital engagé pour l'exploitation}} \times \frac{\text{Capital engagé pour l'exploitation}}{\text{Capitaux propres}}$$

⇓ ⇓ ⇓

= Taux de marge nette x Taux de rotation du capital engagé pour l'exploitation x Niveau d'endettement

Ainsi, la rentabilité financière dépend de la profitabilité, de l'efficacité de l'utilisation des capitaux investis et du niveau d'endettement.

Exemple

L'entreprise souhaite comparer les ratios de profitabilité issus du tableau des SIG (voir pages 66 et 67) aux ratios moyens sectoriels de profitabilité suivants :

Ratios	Secteur
R1 : Valeur ajoutée / CA HT	24 %
R2 : EBE / CA HT	5,20 %
R3 : Résultat net / CA HT	2,04 %

Calcul des ratios de profitabilité de l'entreprise

Ratios	Entreprise
R1 : Valeur ajoutée / CA HT	49 000 / 145 000 = 33,8 %
R2 : EBE / CA HT	2 800 / 145 000 = 1,9 %
R3 : Résultat net / CA HT	1 660 / 145 000 = 1,1 %

R1 : Le taux d'intégration de l'entreprise est plus élevé que celui du secteur. Cela signifie que la capacité de l'entreprise à créer de la richesse par son activité est plus forte.

R2 : Une grande partie de la valeur ajoutée est absorbée par les charges de personnel. De ce fait, l'EBE est faible et l'entreprise est moins performante que la moyenne du secteur.

R3 : Le taux de marge nette de l'entreprise est inférieur à celui du secteur ainsi, la capacité de l'entreprise à générer un bénéfice net à partir de son activité est trop faible par rapport à la moyenne du secteur.

En conclusion, au regard de ces trois indicateurs de profitabilité, il semble que la valeur ajoutée de l'entreprise serve essentiellement à rémunérer le facteur travail et que les charges de personnel soient trop élevées par rapport à la moyenne du secteur.

La capacité d'autofinancement (CAF)

Chapitre 5

La capacité d'autofinancement représente les ressources internes générées par l'activité de l'entreprise pour un exercice. Elle constitue une ressource durable.
La capacité d'autofinancement mesure la capacité de développement, le degré d'indépendance financière et le potentiel d'endettement de l'entreprise.

1 Définition

La capacité d'autofinancement représente la principale ***ressource durable*** de l'entreprise ou encore un ***surplus monétaire*** qui lui sert à financer, par elle-même, les investissements, les dettes et les dividendes. Elle constitue un flux de fonds.

Une capacité d'autofinancement ***négative*** traduit une situation critique et une augmentation du risque financier.

2 Les méthodes de calcul

La capacité d'autofinancement peut être calculée d'après deux méthodes différentes.

La méthode soustractive

Le calcul de la capacité d'autofinancement s'effectue à partir de l'***excédent brut d'exploitation*** :

	Excédent brut d'exploitation
+	Autres produits encaissables (sauf produits des cessions d'éléments d'actif)
–	Autres charges décaissables
=	**Capacité d'autofinancement**

Cette méthode ***explique*** la formation de la capacité d'autofinancement ; elle est préconisée dans le modèle de présentation du Plan comptable général à son article 832-9.

Art. 832-9 Détermination de la capacité d'autofinancement
(à partir des postes du compte de résultat)

	Excédent brut d'exploitation (ou insuffisance brute d'exploitation)	
+	Transferts de charges (d'exploitation)	791
+	Autres produits (d'exploitation)	75
–	Autres charges (d'exploitation)	65
±	Quotes-parts de résultat sur opérations faites en commun	755 – 655
+	Produits financiers **(a)**	76 et 796
–	Charges financières **(b)**	66
+	Produits exceptionnels **(c)**	771 et 778 et 797
–	Charges exceptionnelles **(d)**	671 et 678
–	Participation des salariés aux résultats	691
–	Impôts sur les bénéfices	695
=	CAPACITÉ D'AUTOFINANCEMENT	

(a) Sauf reprises sur dépréciations et provisions.
(b) Sauf dotations aux amortissements, dépréciations et provisions financiers.
(c) Sauf : – produits des cessions d'immobilisations,
– quotes-parts des subventions d'investissement virées au résultat de l'exercice,
– reprises sur dépréciations et provisions exceptionnelles.
(d) Sauf : – valeur comptable des immobilisations cédées,
– dotations aux amortissements, dépréciations et provisions exceptionnels.

■ *La méthode additive*

Le calcul s'effectue à partir du ***résultat net de l'exercice***.

	Résultat net de l'exercice
+	Charges non décaissables
–	Produits non encaissables
–	Produits des cessions d'éléments d'actif
=	**Capacité d'autofinancement**

Cette méthode est plus rapide mais non explicative.

	RÉSULTAT NET DE L'EXERCICE	
+	Dotations aux amortissements, dépréciations et provisions	681 et 686 et 687
–	Reprises sur amortissements, dépréciations et provisions	781 et 786 et 787
+	Valeur comptable des éléments d'actif cédés	675
–	Produits des cessions d'éléments d'actif immobilisés	775
–	Quotes-parts des subventions d'investissement virées au résultat de l'exercice	777
=	CAPACITÉ D'AUTOFINANCEMENT DE L'EXERCICE	

Le retraitement de la capacité d'autofinancement

Le retraitement de la capacité d'autofinancement est limité à celui de la redevance de crédit-bail. Le retraitement du crédit-bail entraîne une augmentation de la capacité d'autofinancement égale au montant de la redevance réintégrée dans les dotations aux amortissements.

CAF retraitée = CAF du Plan comptable général + Dotations aux amortissements crédit-bail

3 L'autofinancement

L'autofinancement représente les ***ressources internes laissées à la disposition de l'entreprise*** après avoir rémunéré les associés (dividendes). La politique de distribution des dividendes affecte donc l'autofinancement.

L'autofinancement sert à financer les investissements, le remboursement des emprunts et à renforcer le fonds de roulement.

	Capacité d'autofinancement
–	Dividendes payés en (N)
=	**Autofinancement**

On distingue :

- ***l'autofinancement d'expansion*** qui permet d'augmenter le patrimoine et le niveau de production. Néanmoins, un autofinancement d'expansion excessif peut mécontenter les associés ;
- ***l'autofinancement de maintien*** qui permet de conserver le patrimoine et le niveau d'activité.

4 Les ratios

Nature	Formules	Interprétation
Capacité de remboursement	$\frac{\text{Dettes financières}}{\text{CAF}}$	Il mesure la garantie de remboursement pour les créanciers et permet d'estimer en nombre d'années la capacité d'autofinancement à dégager pour rembourser les dettes financières. L'endettement ne doit pas excéder 3 ou 4 fois la capacité d'autofinancement.
Rentabilité par rapport à l'entreprise	$\frac{\text{CAF}}{\text{Chiffre d'affaires HT}}$	Il mesure la capacité d'autofinancement dégagée par le chiffre d'affaires.
Autofinancement	$\frac{\text{Autofinancement}}{\text{Valeur ajoutée}}$	Il mesure la part de valeur ajoutée consacrée à l'autofinancement.

Exemple

Les soldes des comptes sont les suivants :

– Autres charges de gestion courante :	*1 340*
– Autres produits d'exploitation :	*650*
– Charges d'intérêts :	*34 020*
– Charges exceptionnelles sur opérations de gestion :	*2 690*
– Dotations aux amortissements, dépréciations et provisions – charges d'exploitation :	*15 800*
– Impôts sur les bénéfices :	*16 000*
– Intérêts perçus :	*700*
– Produits des cessions d'éléments d'actif immobilisés :	*1 200*
– Reprises sur amortissements, dépréciations et provisions d'exploitation :	*2 400*

– Produits exceptionnels sur opérations de gestion : 300
– Valeurs comptables des éléments d'actif cédés : 5 700
– Résultat de l'exercice : 47 500

L'excédent brut d'exploitation s'élève à 117 800 € et les dividendes payés en N sont de 37 200 €. Par ailleurs, les dettes financières s'élèvent à 130 800 €.

Détermination de la capacité d'autofinancement

Méthode soustractive

	Excédent brut d'exploitation (ou insuffisance brute d'exploitation)	117 800
+	Transferts de charges (d'exploitation)	
+	Autres produits (d'exploitation)	650
–	Autres charges (d'exploitation)	1 340
±	Quotes-parts de résultat sur opérations faites en commun	
+	Produits financiers **(a)**	700
–	Charges financières **(b)**	34 020
+	Produits exceptionnels **(c)**	300
–	Charges exceptionnelles **(d)**	2 690
–	Participation des salariés aux résultats	
–	Impôts sur les bénéfices	16 000
=	CAPACITÉ D'AUTOFINANCEMENT	65 400

(a) Sauf reprises sur dépréciations et provisions.
(b) Sauf dotations aux amortissements, dépréciations et provisions financiers.
(c) Sauf : – produits des cessions d'immobilisations,
– quotes-parts des subventions d'investissement virées au résultat de l'exercice,
– reprises sur dépréciations et provisions exceptionnelles.
(d) Sauf : – valeur comptable des immobilisations cédées,
– dotations aux amortissements, dépréciations et provisions exceptionnels.

Méthode additive

	RÉSULTAT NET DE L'EXERCICE	47 500
+	Dotations aux amortissements, dépréciations et provisions	15 800
–	Reprises sur amortissements, dépréciations et provisions	2 400
+	Valeur comptable des éléments d'actif cédés	5 700
–	Produits des cessions d'éléments d'actif immobilisés	1 200
–	Quotes-parts des subventions d'investissement virées au résultat de l'exercice	
=	CAPACITÉ D'AUTOFINANCEMENT DE L'EXERCICE	65 400

L'autofinancement s'élève à :

65 400 – 37 200 = 28 200 €

La capacité de remboursement est la suivante :

$$\frac{130\,800}{65\,400} = 2$$

Il faudra deux ans de capacité d'autofinancement à l'entreprise pour rembourser ses dettes financières. D'après la norme, la capacité d'autofinancement de l'entreprise est satisfaisante.

La variabilité des charges et le seuil de rentabilité

Chapitre 6

L'analyse du comportement des charges en fonction du volume d'activité permet de calculer des indicateurs de gestion, tels que les marges sur coûts variables, le seuil de rentabilité, le point mort, le levier d'exploitation… L'interprétation de ces indicateurs affine le jugement porté sur la performance et la rentabilité de l'activité de l'entreprise et par conséquent éclaire les dirigeants dans leurs prises de décision.

1 La variabilité des charges

Le reclassement des charges

Face aux variations du niveau d'activité, le ***comportement*** des charges diffère.

On constate trois types de comportement :

Les charges variables → Elles sont en principe proportionnelles au niveau d'activité (achats consommés, frais de transports…).

Les charges fixes → Elles sont indépendantes du niveau d'activité pour une structure donnée. Elles évoluent par paliers (coût de l'usure des biens, loyers…).

Les charges semi variables → Elles comprennent une partie variable et une partie fixe (dépenses d'électricité, de téléphone…).

Le coût variable

Le coût variable est calculé par produit, par activité et pour l'ensemble de l'activité. Chaque coût variable est composé exclusivement de ***charges variables***.

La marge sur coût variable

La marge sur coût variable (MCV) est calculée par produit, par activité et pour l'ensemble de l'activité. Elle mesure la ***performance*** d'un produit ou d'une activité, sa contribution à ***l'absorption*** des coûts fixes et à la ***formation*** du résultat. Elle représente, pour chaque produit, le ***manque à gagner*** qui résulterait de son abandon au niveau global de l'entreprise.

Marge sur coût variable = Chiffre d'affaires – Coût variable

Le coût fixe

Le coût fixe est constitué de l'ensemble des ***charges fixes*** qui s'obtient par différence entre le total des charges et les charges variables.

Les charges fixes ne sont pas réparties par produit ou par activité ; elles sont traitées ***en bloc*** au niveau de l'activité globale de l'entreprise.

Le résultat courant

Le résultat courant de l'entreprise s'obtient par différence entre la somme des marges sur coût variable et le coût fixe, composé de l'ensemble des charges fixes :

Résultat = (Chiffre d'affaires x Taux de marge sur coût variable) – Coût fixe

Cette relation permet d'effectuer des prévisions et des simulations.

2 Le compte de résultat différentiel

Les éléments de calcul des coûts variables, des marges sur coût variable, des coûts fixes et du résultat courant se présentent dans un ***tableau*** intitulé compte de résultat différentiel. Il est établi à partir des quantités vendues. Sa structure est la suivante :

Éléments	Produit ou Activité A		Produit ou Activité B		Produit ou Activité C		Pour l'entreprise	
	Montant	%	Montant	%	Montant	%	Montant	%
Chiffre d'affaires								
–								
Coût variable								
=								
Marge sur coût variable								
–								
Coût fixe								
=								
Résultat courant								

3 Le seuil de rentabilité

Le seuil de rentabilité (SR) est le chiffre d'affaires que l'entreprise doit réaliser pour ***couvrir*** la totalité de ses charges et pour lequel elle ne dégage ***ni bénéfice, ni perte***. Le calcul et l'analyse du seuil de rentabilité permettent d'apprécier le ***risque d'exploitation*** et d'effectuer des ***simulations*** dans le cas d'évolutions de l'activité.

■ *Le calcul du seuil de rentabilité*

Les éléments constitutifs du compte de résultat différentiel permettent de calculer le seuil de rentabilité.

La première étape du calcul consiste à exprimer la marge sur coût variable en pourcentage du chiffre d'affaires :

$$\textbf{Taux de marge sur coût variable} = \frac{\text{Marge sur coût variable}}{\text{Chiffre d'affaires}} \times 100$$

Le seuil de rentabilité est atteint lorsque la marge sur coût variable est ***égale*** aux coûts fixes ; d'où la formule :

$$\textbf{Seuil de rentabilité} = \frac{\text{Coûts fixes}}{\text{Taux de marge sur coût variable}}$$

Il peut être utile de calculer le seuil de rentabilité en ***quantité*** :

$$\textbf{Seuil de rentabilité en quantité} = \frac{\text{Seuil de rentabilité en valeur}}{\text{Prix de vente HT d'un produit}} \text{ ou } \frac{\text{Coûts fixes}}{\text{Marge sur coût variable unitaire}}$$

L'évolution des conditions d'exploitation (évolution du taux de marge sur coût variable, changement de structure) nécessite le calcul d'un ***nouveau seuil de rentabilité*** afin d'apprécier les conséquences de cette évolution.

■ *Le calcul du point mort*

Le point mort est la ***date*** à laquelle le seuil de rentabilité est atteint. Plus cette date est proche de celle de la fin de l'exercice, plus l'entreprise est fragile et plus la période d'activité rentable est courte.

$$\textbf{Point mort} = \frac{\text{Seuil de rentabilité}}{\text{Chiffre d'affaires}} \times \text{Nombre de jours d'activité}$$

Si l'activité est irrégulière, le point mort se détermine à partir de la série cumulée du chiffre d'affaires par interpolation linéaire.

■ *Le calcul de la marge de sécurité financière*

La marge de sécurité financière représente ***l'excédent*** de chiffre d'affaires par rapport au seuil de rentabilité ou encore ***l'activité rentable*** de l'entreprise.

$$\textbf{Marge de sécurité} = \text{Chiffre d'affaires} - \text{Seuil de rentabilité}$$

La marge de sécurité financière peut s'exprimer en pourcentage du chiffre d'affaires :

$$\text{Indice de sécurité} = \frac{\text{Marge de sécurité}}{\text{Chiffre d'affaires}} \times 100$$

Il indique la ***baisse*** possible du chiffre d'affaires sans entraîner de perte. Plus l'indice de sécurité est faible, plus le risque d'exploitation est grand.

■ *Les représentations graphiques du seuil de rentabilité*

Le seuil de rentabilité peut être ***représenté graphiquement selon trois équations***.

a) La représentation de la marge sur coût variable et des charges fixes

Seuil de rentabilité ⇒ Marge sur coût variable = Coût fixe

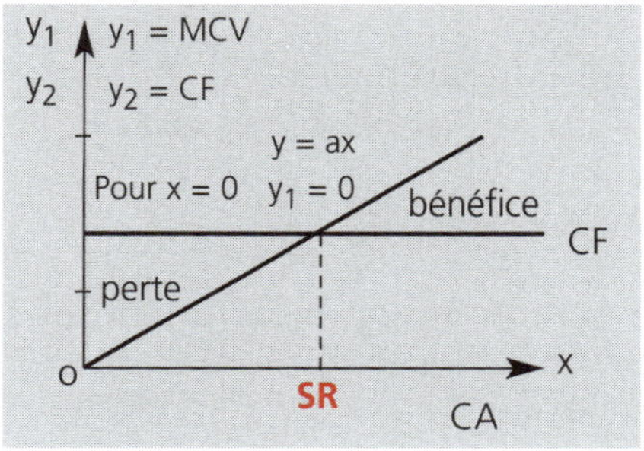

b) La représentation du résultat

Seuil de rentabilité ⇒ Résultat = 0

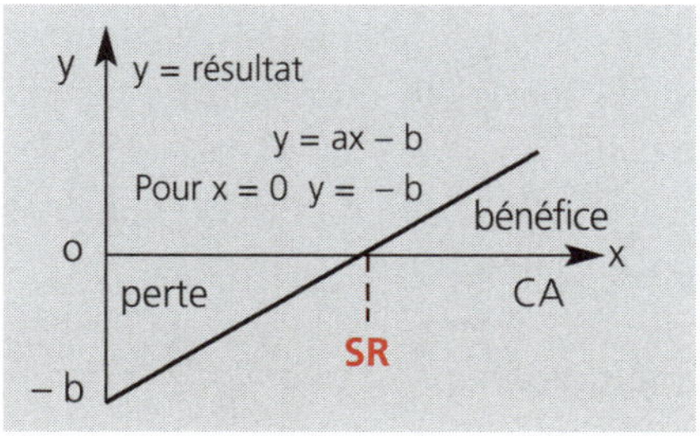

c) La représentation du chiffre d'affaires et des charges totales

Seuil de rentabilité ⇒ Charges variables + Charges fixes = Chiffre d'affaires

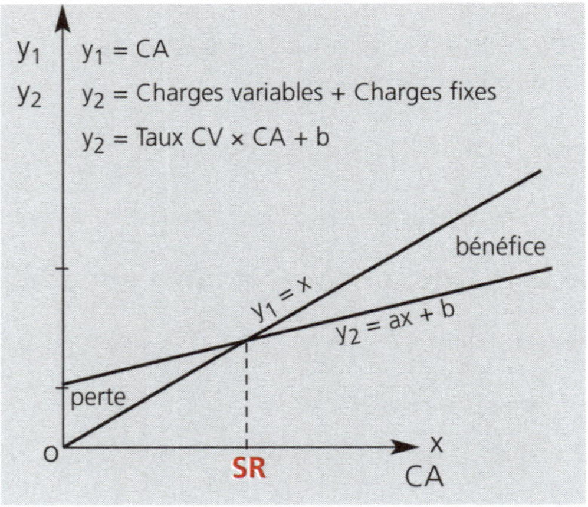

■ L'évolution du seuil de rentabilité

L'évolution des conditions d'exploitation modifie en principe la structure des coûts (évolution des coûts fixes, des coûts variables, du taux de marge sur coût variable) et, par conséquent, le seuil de rentabilité.

Pour permettre à l'entreprise de mesurer les conséquences d'une telle évolution il est nécessaire de déterminer ***un nouveau seuil de rentabilité*** prenant en compte les modifications des conditions d'exploitation.

■ Le levier d'exploitation

Le levier d'exploitation mesure la sensibilité du résultat d'exploitation par rapport au niveau d'activité. Il permet d'apprécier :

– la performance économique lorsque le chiffre d'affaires augmente ;

– le risque d'exploitation lorsque le chiffre d'affaires diminue.

$$\text{Coefficient de levier d'exploitation} = \frac{\Delta \text{ Résultat d'exploitation / Résultat d'exploitation}}{\Delta \text{ Chiffre d'affaires / Chiffre d'affaires}}$$

Plus la marge de sécurité est faible et/ou plus les charges fixes sont importantes, plus le levier d'exploitation est élevé et plus le risque d'exploitation est grand. Le coefficient de levier d'exploitation peut être obtenu à partir de la marge sur coût variable et du résultat d'exploitation :

$$\text{Coefficient de levier d'exploitation} = \frac{\text{Marge sur coût variable}}{\text{Résultat d'exploitation}}$$

Exemple

Les renseignements relatifs à l'exercice N sont les suivants : chiffre d'affaires : 863 000 € ; coût variable : 642 800 € ; coût fixe : 91 200 €.

Pour N + 1, il est prévu une augmentation de 3 % du chiffre d'affaires et de 5 % du coût variable.

Exercice N

Marge sur coût variable = 863 000 – 642 800 = 220 200 €

$$\textit{Taux de MCV} = \frac{220\,200}{863\,000} \times 100 = 25{,}52\ \%$$

Résultat d'exploitation = 220 200 – 91 200 = 129 000 €

$$\textit{Seuil de rentabilité} = \frac{91\,200}{0{,}2552} = 357\,367\ €$$

$$\textit{Point mort} = \frac{357\,367}{863\,000} \times 12 = 5 \text{ mois, soit le } 1^{er} \text{ juin}$$

Marge de sécurité financière = 863 000 – 357 367 = 505 633 €

$$\textit{Indice de sécurité financière} = \frac{505\,633}{863\,000} \times 100 \approx 59\ \%$$

L'entreprise peut supporter une baisse de 59 % de son chiffre d'affaires avant d'être en perte.

Coefficient de levier d'exploitation = 220 200 / 129 000 = 1,71

Si le CA varie de 10 %, celà entraîne une variation de 17,1 % du résultat d'exploitation.

Exercice N + 1

Chiffre d'affaires = 863 000 x 1,03 = 888 890 €

Marge sur coût variable et son taux = 888 890 – (642 800 x 1,05)= 213 950 €

$$\textit{Taux de MCV} = \frac{213\,950}{888\,890} \times 100 = 24{,}10\ \%$$

La hausse du coût variable dans une plus forte proportion que celle du CA entraîne une baisse du taux de marge sur coût variable.

Résultat d'exploitation = 213 950 – 91 200 = 122 750 €

$$\textit{Seuil de rentabilité} = \frac{91\,200}{0{,}2410} = 378\,423\ €$$

$$\textit{Point mort} = \frac{378\,423}{888\,890} \times 12 = \text{5 mois et 3 jours, soit le 3 juin}$$

Il faut 3 jours de plus pour atteindre le nouveau seuil de rentabilité.

Marge de sécurité financière = 888 890 – 378 423 = 510 467 €

$$\textit{Indice de sécurité financière} = \frac{510\,467}{888\,890} \times 100 \approx 57{,}4\ \%$$

La hausse du coût variable dans une plus forte proportion que celle du CA entraîne une baisse de l'indice de sécurité.

$$\textit{Levier d'exploitation} = \frac{(122\,750 - 129\,000)\ /\ 129\,000}{(888\,890 - 863\,000)\ /\ 863\,000} = 0{,}048 \times \frac{863\,000}{25\,890} = 1{,}60$$

La part des coûts fixes dans la nouvelle structure des coûts a diminué alors que celle des coûts variables a augmenté. De ce fait, le coefficient de levier d'exploitation a diminué.

L'analyse de la structure financière et de l'équilibre financier de l'entreprise

PARTIE 3

L'analyse fonctionnelle

Chapitre 7

L'analyse de la structure financière et de l'équilibre financier d'après l'approche fonctionnelle du bilan consiste à étudier les besoins de financement et les ressources de financement d'après les fonctions de l'entreprise et les cycles qui en découlent.

1 Le bilan fonctionnel

Le bilan fonctionnel est classé en masses homogènes selon les trois grandes fonctions : ***investissement, financement et exploitation***.

Il représente une image de la structure financière à un moment donné et permet :

- ***d'évaluer*** les besoins financiers stables et circulants ainsi que les ressources qui leur sont affectées ;
- ***d'apprécier*** l'équilibre financier entre les ressources de financement et les besoins de financement.

La présentation des masses

Le bilan fonctionnel comporte quatre grandes masses :

Les ressources stables →	Cycle de financement	Cycles longs
Les emplois stables →	Cycle d'investissement	

Les emplois stables et l'actif circulant sont évalués en ***valeur brute***.

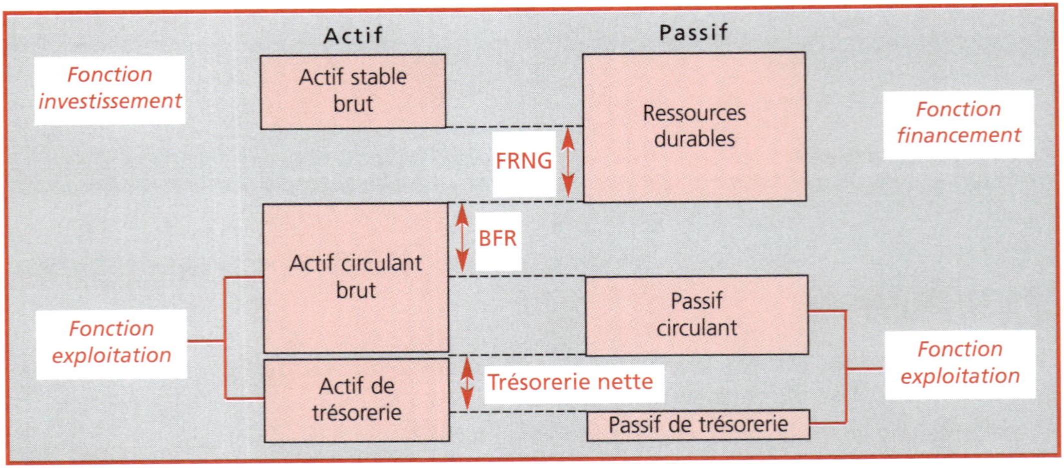

Le bilan fonctionnel s'établit à partir du ***bilan comptable avant répartition du résultat***.

■ *La structure du bilan fonctionnel après reclassement et retraitement*

Le bilan fonctionnel est établi à partir du bilan comptable. Toutefois, certaines corrections doivent être effectuées de manière à créer des ***masses homogènes significatives*** :

– ***le reclassement*** des postes selon leur fonction ;

– ***l'intégration*** d'éléments hors bilan (effets escomptés non échus…) ;

– ***la correction*** des créances et des dettes pour annuler l'effet des écarts de conversion ;

– ***l'élimination*** de certains postes du bilan comptable (capital souscrit – non appelé…).

Une fois les retraitements effectués, l'équilibre du bilan doit être respecté puisqu'un même montant est retraité soit à l'actif et au passif soit à l'intérieur de l'actif, soit à l'intérieur du passif.

Actif (besoins de financement)	Passif (ressources de financement)
Emplois stables	**Ressources stables**
• **Actif immobilisé brut** + Valeur d'origine des équipements financés par crédit-bail + Charges à répartir brut + Écart de conversion – Actif – Écart de conversion – Passif – Intérêts courus sur prêts Postes à éliminer : Capital non appelé Primes de remboursement des obligations	• **Capitaux propres** + Amortissements et dépréciations + Amortissements du crédit-bail + Provisions – Capital non appelé • **Dettes financières** + Valeur nette des équipements financés par crédit-bail – Primes de remboursement des obligations – Intérêts courus sur emprunts + Écart de conversion – Passif – Écart de conversion – Actif – Concours bancaires et soldes créditeurs banques
Actif circulant brut	**Dettes circulantes**
• **Exploitation** Stocks + Avances et acomptes versés sur commandes + Créances d'exploitation + Effets escomptés non échus + Charges constatées d'avance d'exploitation + Écart de conversion – Actif – Écart de conversion – Passif • **Hors exploitation** Créances hors exploitation + Charges constatées d'avance hors exploitation + Capital souscrit appelé – Non versé + Intérêts courus sur prêts • **Trésorerie active** Valeurs mobilières de placement + Disponibilités	• **Exploitation** Avances et acomptes reçus sur commandes + Dettes d'exploitation + Produits constatés d'avance d'exploitation + Dettes sociales et fiscales d'exploitation + Écart de conversion – Passif – Écart de conversion – Actif • **Hors exploitation** Dettes hors exploitation + Dettes fiscales (impôts sur les sociétés) + Produits constatés d'avance hors exploitation + Intérêts courus sur emprunts • **Trésorerie passive** Concours bancaires courants et soldes créditeurs banques + Effets escomptés non échus

2 Le fonds de roulement net global – Le besoin en fonds de roulement – La trésorerie

De *l'analyse horizontale* du bilan fonctionnel découlent trois indicateurs de gestion qui, mis en relation, permettent d'apprécier l'équilibre financier de l'entreprise.

Le fonds de roulement net global (FRNG)

Les emplois stables doivent être financés par les ressources stables.

Le fonds de roulement net global représente la part des ressources durables consacrée à financer des emplois circulants. Il constitue une ***marge de sécurité financière*** pour l'entreprise.

Il peut être calculé de deux manières :

Par le haut du bilan	Par le bas du bilan
Ressources durables	Actif circulant + Actif de trésorerie
–	–
Emplois stables	Passif circulant + Passif de trésorerie
=	=
Fonds de roulement net global	**Fonds de roulement net global**

Un fonds de roulement net global ***positif*** est nécessaire dans la plupart des entreprises pour assurer l'équilibre financier. Il sert à financer le besoin en fonds de roulement. Toutefois, un fonds de roulement net global ***négatif*** traduit une situation normale pour les entreprises de distribution.

Le besoin en fonds de roulement (BFR)

Le besoin en fonds de roulement est la partie des ***besoins de financement du cycle d'exploitation*** qui n'est pas financée par les dettes liées au cycle d'exploitation.

Il est décomposé en ***deux parties*** afin de distinguer les besoins de financement quasi permanents liés à l'activité principale et les autres besoins de financement indépendants du chiffre d'affaires.

a) Le besoin en fonds de roulement d'exploitation (BFRE)

Le besoin en fonds de roulement d'exploitation est la partie des besoins de financement circulants d'exploitation qui n'est pas financée par les dettes circulantes d'exploitation. Il présente un caractère stable.

Le besoin en fonds de roulement d'exploitation est égal à :

Actifs circulants d'exploitation

–

Dettes circulantes d'exploitation

=

Besoin en fonds de roulement d'exploitation

Le niveau du besoin en fonds de roulement d'exploitation dépend de la durée du cycle d'exploitation, du niveau du chiffre d'affaires et des relations commerciales avec les fournisseurs et les clients.

b) Le besoin en fonds de roulement hors exploitation (BFRHE)

Le besoin en fonds de roulement hors exploitation est la partie des besoins de financement circulants, ***non liés directement au chiffre d'affaires***, qui n'est pas financée par les dettes circulantes hors exploitation. Il présente un caractère instable.

Le besoin en fonds de roulement hors exploitation est égal à :

Actif circulant hors exploitation

–

Passif circulant hors exploitation

=

Besoin en fonds de roulement hors exploitation

■ *La trésorerie nette*

La trésorerie nette est la ***résultante*** du fonds de roulement net global et du besoin en fonds de roulement. L'équilibre financier est analysé à l'aide de la relation suivante :

Fonds de roulement net global

–

Besoin en fonds de roulement

=

Trésorerie nette

On distingue deux situations :

- ***le fonds de roulement net global est supérieur au besoin en fonds de roulement*** : la trésorerie est positive ; elle constitue un ***excédent de ressources*** ;
- ***le fonds de roulement net global est inférieur au besoin en fonds de roulement*** : la trésorerie est négative ; elle constitue une ***insuffisance de ressources*** qui doit être comblée par un crédit bancaire.

Le niveau de la trésorerie nette dépend du niveau du fonds de roulement net global et de celui du besoin en fonds de roulement.

La trésorerie nette se calcule également de la manière suivante :

Actif de trésorerie

−

Passif de trésorerie

=

Trésorerie nette

3 Les ratios

L'analyse fonctionnelle du bilan peut être complétée par une suite de ratios.

Les ratios d'activité

Nature	Formules	Interprétation
Rotation des stocks (entreprise commerciale)	$\frac{\text{Stock moyen de marchandises}}{\text{Coût d'achat des marchandises vendues}} \times 360\ \text{j}$	Il mesure la durée d'écoulement des stocks. Une augmentation de cette durée entraîne une augmentation du BFRE.
Rotation des stocks (entreprise industrielle)	$\frac{\text{Stock moyen de matières premières}}{\text{Coût d'achat des matières premières consommées}} \times 360\ \text{j}$ $\frac{\text{Stock moyen de produits finis}}{\text{Coût de production des produits vendus}} \times 360\ \text{j}$	Il mesure la durée d'écoulement des stocks. Une augmentation de cette durée entraîne une augmentation du BFRE.

Nature	Formules	Interprétation
Durée moyenne du crédit clients*	$\frac{\text{Créances clients et comptes rattachés + en-cours d'escompte}}{\text{Chiffre d'affaires TTC}} \times 360\text{ j}$	Il mesure la durée moyenne en jours du crédit consenti par l'entreprise à ses clients.
Durée moyenne du crédit fournisseurs*	$\frac{\text{Dettes fournisseurs et comptes rattachés}}{\text{Consommations en provenance des tiers toutes taxes comprises}} \times 360\text{ j}$	Il mesure la durée moyenne en jours du crédit obtenu par l'entreprise de la part de ses fournisseurs. Il doit être supérieur au ratio de crédit clients.
Évolution du fonds de roulement net global	$\frac{\text{Fonds de roulement net global}}{\text{Chiffre d'affaires hors taxes}} \times 360\text{ j}$	Il mesure la marge de sécurité financière en nombre de jours de chiffre d'affaires.
Évolution du besoin en fonds de roulement d'exploitation	$\frac{\text{Besoin en fonds de roulement d'exploitation}}{\text{Chiffre d'affaires hors taxes}} \times 360\text{ j}$	Il mesure l'importance du besoin en fonds de roulement d'exploitation en nombre de jours de chiffre d'affaires.
Évolution de la trésorerie	$\frac{\text{Trésorerie nette}}{\text{Chiffre d'affaires hors taxes}} \times 360\text{ j}$	Il mesure le degré de liquidité.

* Le délai de paiement maximal légal prévu par la loi est de 60 jours à partir de la date d'émission de la facture. Toutefois, un délai maximal de 45 jours fin de mois peut être convenu entre les parties, sous réserve qu'il soit stipulé par contrat.

Les ratios de structure

Nature	Formules	Interprétation
Financement des emplois stables	$\frac{\text{Ressources stables}}{\text{Emplois stables}}$	Il mesure la couverture des emplois stables par les ressources stables.
Autonomie financière	$\frac{\text{Ressources propres}}{\text{Endettement}}$	Il mesure la capacité d'endettement de l'entreprise. Il ne doit pas être inférieur à 1.
Couverture de l'actif circulant par le fonds de roulement net global	$\frac{\text{Fonds de roulement net global}}{\text{Actif circulant}}$	Il indique la part du fonds de roulement net global qui finance l'actif circulant.

Exemple

Le bilan fonctionnel provisoire condensé se présente ainsi :

Emplois stables	*530 000*	*Ressources durables*	*740 000*
Actif circulant d'exploitation	*357 800*	*Dettes d'exploitation*	*210 000*
Actif circulant hors exploitation	*80 000*	*Dettes hors exploitation*	*20 000*
Actif de trésorerie	*9 200*	*Passif de trésorerie*	*7 000*
	977 000		*977 000*

Des effets escomptés non échus (EENE) d'un montant de 4 000 € n'ont pas été intégrés.

Actif circulant d'exploitation après l'intégration des EENE

357 800 + 4 000 = 361 800 €

Passif de trésorerie après l'intégration des EENE

7 000 + 4 000 = 11 000 €

Fonds de roulement net global

– Par le haut du bilan : 740 000 – 530 000 = 210 000 €

– Par le bas du bilan : (361 800 + 80 000 + 9 200) – (210 000 + 20 000 + 11 000) = 210 000 €

Besoins en fonds de roulement d'exploitation et hors exploitation

BFRE = 361 800 – 210 000 = 151 800 €

BFRHE = 80 000 – 20 000 = 60 000 €

Trésorerie nette

210 000 – (151 800 + 60 000) = – 1 800 €

9 200 – 11 000 = – 1 800 €

L'équilibre financier n'est pas respecté puisque la trésorerie nette est négative.

D'après les données fournies, cela est dû au besoin en fonds de roulement hors exploitation. On peut en déduire que la situation n'est qu'occasionnelle.

Le besoin en fonds de roulement d'exploitation normatif

Chapitre 8

Les entreprises ont besoin de prévoir le niveau moyen du besoin en fonds de roulement d'exploitation (BFRE) pour un chiffre d'affaires donné, afin de déterminer le fonds de roulement nécessaire à un bon équilibre financier.
La détermination du besoin en fonds de roulement d'exploitation normatif permet d'éviter les problèmes de trésorerie et de maîtriser les composantes du cycle d'exploitation.

1 Les principes de calcul du BFREN

Le besoin en fonds de roulement d'exploitation normatif (BFREN) est exprimé en ***nombre de jours de chiffre d'affaires hors taxes*** ; son calcul nécessite plusieurs étapes :

①	Évaluation	→	en jours des durées : de rotation des stocks ; du crédit clients ; du crédit fournisseurs ; de la TVA déductible ; de la TVA collectée ; des dettes sociales
②	Détermination	→	d'un ***coefficient de proportionnalité*** en fonction du CAHT pour chaque élément du BFRE
③	Expression	→	de chaque poste du BFRE en ***jours de CAHT*** : Durées x Coefficients
④	Calcul	→	du BFREN en ***nombre de jours de CAHT***
⑤	Calcul	→	du BFREN ***en euros***

2 Le tableau de calcul du BFREN

Éléments du BFRE normatif	Durées de rotation (1)	Coefficient de proportionnalité pour 1 € de CA hors taxes (2)	Nombre de jours de CA hors taxes	
			Besoin	Dégagement
Stocks	$\frac{\text{Stock moyen}}{\text{Coût d'achat des marchandises vendues ou coût d'achat des matières premières consommées ou coût de production des produits vendus}} \times 360\ \text{j}$	$\frac{\text{Coût d'achat des marchandises vendues ou coût d'achat des matières premières consommées ou coût de production des produits vendus}}{\text{Chiffre d'affaires HT}}$	(1) x (2)	
Créances clients *	$\frac{\text{Créances clients et comptes rattachés + en-cours d'escompte}}{\text{CA annuel TTC}} \times 360\ \text{j}$	$\frac{\text{Chiffre d'affaires TTC}}{\text{Chiffre d'affaires HT}}$	(1) x (2)	
TVA déductible sur autres biens et services	$\frac{30\ \text{j}}{2}$ + délai de paiement (25 j maximum)	$\frac{\text{TVA déductible de l'exercice}}{\text{Chiffre d'affaires HT}}$	(1) x (2)	
Fournisseurs *	$\frac{\text{Dettes fournisseurs et comptes rattachés}}{\text{Achats de biens et services TTC de l'exercice}} \times 360\ \text{j}$	$\frac{\text{Achats de biens et services TTC de l'exercice}}{\text{Chiffre d'affaires HT}}$		(1) x (2)
TVA collectée	$\frac{30\ \text{j}}{2}$ + délai de paiement (25 j maximum)	$\frac{\text{TVA collectée de l'exercice}}{\text{Chiffre d'affaires HT}}$		(1) x (2)
Personnel, rémunérations dues	$\frac{30\ \text{j}}{2}$ + délai de paiement	$\frac{\text{Salaires nets annuels}}{\text{Chiffre d'affaires HT}}$		(1) x (2)
Organismes sociaux	$\frac{30\ \text{j}}{2}$ + délai de paiement	$\frac{\text{Charges sociales salariales et patronales annuelles}}{\text{Chiffre d'affaires HT}}$		(1) x (2)
Besoin en fonds de roulement d'exploitation normatif en jours de CA HT = A – B			A	B

Besoin en fonds de roulement d'exploitation normatif en € = $\frac{\text{CA prévisionnel annuel}}{360\ \text{j}}$ x BFRE normatif en jours de CA HT

* En cas de paiements fractionnés, une durée moyenne sera calculée

3 Les éléments fixes du BFREN

Lorsque les composantes du besoin en fonds de roulement d'exploitation normatif comportent ***des éléments fixes significatifs***, leurs coefficients de structure sont évalués pour un jour de chiffre d'affaires hors taxes d'après le calcul suivant :

$$\text{Coefficient de structure} = \frac{\text{Charges fixes annuelles concernées}}{360 \text{ j}}$$

Exemple

Les renseignements suivants vous sont communiqués pour l'année N :

– chiffre d'affaires hors taxes	:	*18 000 000 €*
– créances clients et comptes rattachés	:	*1 810 000 €*
– achats de marchandises hors taxes	:	*7 200 000 €*
– dettes fournisseurs et comptes rattachés	:	*1 447 500 €*
– stock initial de marchandises	:	*675 000 €*
– stock final de marchandises	:	*375 000 €*
– salaires réglés en fin de mois	:	*4 237 500 €*
– charges sociales réglées le 10 du mois suivant	:	*2 542 500 €*

Le taux de TVA est de 20 % ; la TVA est payée le 20 du mois suivant.
Le chiffre d'affaires prévisionnel hors taxes pour N + 1 est de 19 440 000 €.
Tous les éléments sont considérés comme variables.

Tableau du besoin en fonds de roulement d'exploitation normatif

Éléments du BFRE normatif	Durées de rotation	Coefficient de proportionnalité pour 1 € de CA hors taxes	Nombre de jours de CAHT	
			Besoin	Dégagement
Stocks	$\frac{675\,000 + 372\,000/2}{7\,200\,000 + 675\,000 - 375\,000} \times 360\text{ j} \approx 25\text{ j}$	$\frac{7\,200\,000 + 675\,000 - 375\,000}{18\,000\,000} = 0{,}417$	25 x 0,417 = 10,42	
Créances clients	$\frac{1\,810\,500}{21\,600\,000} \times 360\text{ j} \approx 30\text{ j}$	$\frac{21\,600\,000}{18\,000\,000} = 1{,}20$	30 x 1,20 = 36	
TVA déductible sur ABS	$\frac{30\text{ j}}{2} + 20\text{ j} = 35\text{ j}$	$\frac{1\,440\,000}{18\,000\,000} = 0{,}08$	35 x 0,08 = 2,8	
Fournisseurs	$\frac{1\,447\,500}{8\,640\,000} \times 360\text{ j} \approx 60\text{ j}$	$\frac{8\,640\,000}{18\,000\,000} = 0{,}48$		60 x 0,48 = 28,80
TVA collectée	$\frac{30\text{ j}}{2} + 20\text{ j} = 35\text{ j}$	$\frac{3\,600\,000}{18\,000\,000} = 0{,}20$		35 x 0,20 = 7
Personnel	$\frac{30\text{ j}}{2} = 15\text{ j}$	$\frac{4\,237\,500}{18\,000\,000} = 0{,}235$		15 x 0,235 = 3,525
Organismes sociaux	$\frac{30\text{ j}}{2} + 10\text{ j} = 35\text{ j}$	$\frac{2\,542\,500}{18\,000\,000} = 0{,}141$		25 x 0,141 = 3,525
BFRE normatif en jours de CAHT = 49,22 – 42,85 = **6,37 j**			49,22	42,85
BFRE normatif en euros = $\frac{19\,440\,000}{360\text{ j}} \times 6{,}37$ = **343 988 €**				

L'analyse financière du bilan

Chapitre 9

L'analyse financière du bilan permet d'apprécier la solvabilité de l'entreprise, c'est-à-dire sa capacité à payer ses dettes en utilisant la liquidité de ses actifs, dans l'optique d'une liquidation.
L'analyse des indicateurs de gestion issus du bilan financier intéresse particulièrement les créanciers de l'entreprise.

1 Le bilan financier

Le bilan financier est classé en masses homogènes selon le degré de ***liquidité*** de l'actif et le degré d'exigibilité du passif. Il permet d'évaluer le patrimoine de l'entreprise à un moment donné.

La présentation des masses

Le bilan financier comporte ***quatre*** grandes masses. Les actifs sont évalués à leur ***valeur actuelle nette*** ou ***valeur vénale***.

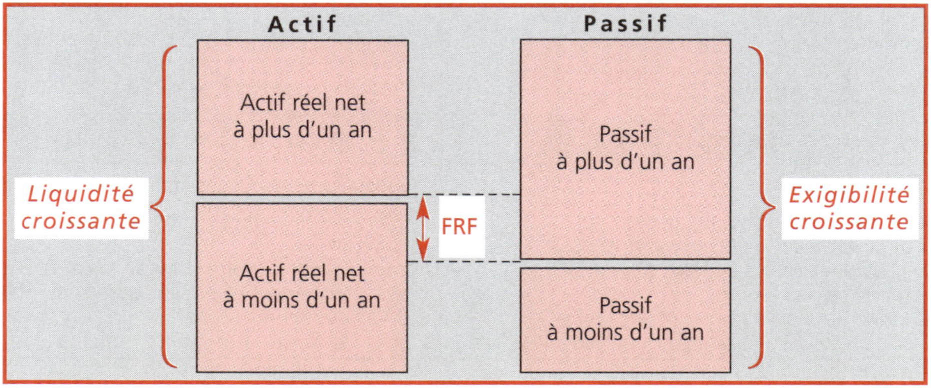

La structure du bilan financier après reclassement et retraitement

Le bilan financier s'établit à partir du ***bilan comptable après répartition du résultat***. Toutefois, certaines corrections sont effectuées de manière à créer des masses homogènes significatives :

– ***le reclassement*** des postes du bilan comptable selon leur degré de liquidité ou d'exigibilité ;

– ***l'intégration*** des éléments hors bilan (effets escomptés non échus, ± values latentes...) ;

– ***l'élimination*** de postes du bilan comptable composant l'actif fictif (frais d'établissement...).

Une fois les retraitements effectués, l'équilibre du bilan doit être respecté puisqu'un même montant est retraité soit à l'actif et au passif, soit à l'intérieur de l'actif, soit à l'intérieur du passif.

Actif (degré de liquidité)	**Passif (degré d'exigibilité)**
Actif à plus d'un an	**Passif à plus d'un an**
• Actif immobilisé net (Total I au bilan) + Plus-values latentes + Part de l'actif circulant net à plus d'un an (stock outil, créances...) + Charges constatées d'avance à plus d'un an – Moins-values latentes – Part de l'actif immobilisé net à moins d'un an – Capital souscrit – non appelé	• Capitaux propres (Total I au bilan) + Plus-values latentes + Comptes courants bloqués + Écart de conversion – Passif – Part d'écart de conversion actif non couverte par une provision – Impôt latent sur subventions d'investissement et provisions réglementées – Actif fictif net – Moins-values latentes
Postes constituant l'actif fictif net à éliminer : Frais d'établissement Fonds commercial Primes de remboursement des obligations Charges à répartir (frais d'émission d'emprunt)	• Dettes à plus d'un an + Provisions + Impôt latent à plus d'un an sur subventions d'investissement et provisions réglementées + Produits constatés d'avance à plus d'un an
Actif à moins d'un an	**Passif à moins d'un an**
• Actif circulant net – Part de l'actif circulant net à plus d'un an + Charges constatées d'avance à moins d'un an + Part de l'actif immobilisé à moins d'un an + Effets escomptés non échus + Capital souscrit – non appelé + Part d'écart de conversion actif couverte par une provision	• Dettes fournisseurs, sociales, fiscales, diverses + Dettes financières à moins d'un an + Provisions + Impôt latent à moins d'un an sur subventions d'investissement et provisions réglementées + Effets escomptés non échus + Produits constatés d'avance à moins d'un an

2 Le fonds de roulement financier

Le bilan financier permet d'évaluer le fonds de roulement financier, indicateur de ***solvabilité et de risque de cessation de paiement***.

Le fonds de roulement financier indique le mode de financement des actifs à plus d'un an et le degré de couverture des dettes à moins d'un an par les actifs à moins d'un an.

Il représente une ***marge de sécurité financière*** pour l'entreprise et une garantie de remboursement des dettes à moins d'un an pour les créanciers.

Le fonds de roulement financier peut être calculé de deux manières :

Par le bas du bilan	Par le haut du bilan
Actif à moins d'un an	Passif à plus d'un an
–	–
Passif à moins d'un an	Actif à plus d'un an
=	=
Fonds de roulement financier	**Fonds de roulement financier**

3 Les ratios

L'analyse financière du bilan est complétée par une suite de ratios.

■ *Les ratios de liquidité*

Nature	Formules	Interprétation
Liquidité générale	$\dfrac{\text{Actif réel net à moins d'un an}}{\text{Passif réel à moins d'un an}}$	Il mesure la capacité de l'entreprise à payer l'ensemble de ses dettes à court terme en utilisant ses actifs à court terme.
Liquidité restreinte	$\dfrac{\text{(Créances à moins d'un an)} + \text{(Disponibilités)}}{\text{Passif à moins d'un an}}$	Il mesure la capacité de l'entreprise à payer ses dettes à court terme en utilisant les créances et les disponibilités.

Nature	Formules	Interprétation
Liquidité immédiate	Disponibilités / Passif à moins d'un an	Il mesure la capacité de l'entreprise à payer ses dettes à court terme en utilisant les disponibilités.

Les ratios d'endettement

Nature	Formules	Interprétation
Autonomie financière	Capitaux propres / Total passif	Il mesure la capacité de l'entreprise à s'endetter.
Endettement à terme	Capitaux propres / Dettes à plus d'un an	Il mesure l'autonomie financière de l'entreprise.

Le ratio de solvabilité

Nature	Formules	Interprétation
Solvabilité générale	Actif réel net / Total des dettes	Il mesure la capacité de l'entreprise à payer l'ensemble de ses dettes en utilisant l'ensemble de l'actif.

Exemple

Les éléments du bilan financier sont les suivants :

Bilan financier

Actif — Passif

Actif		Passif	
Actif réel net à plus d'un an	**145 000**	**Passif réel à plus d'un an**	**220 000**
• Actif immobilisé net	145 000	• Capitaux propres	160 600
		• Provisions	11 000
		• Dettes à plus d'un an	48 400
Actif réel net à moins d'un an	**265 500**	**Passif réel à moins d'un an**	**190 500**
• Stocks et en-cours	61 065	• Dettes financières à moins d'un an	26 670
• Créances à moins d'un an	172 575	• Dettes non financières à moins d'un an	155 830
• Disponibilités	31 860	• Provisions	8 000
Total	**410 500**	Total	**410 500**

Fonds de roulement financier

Par le haut du bilan :

(220 000 – 145 000) = 75 000 €

Par le bas du bilan :

(265 500 – 190 500) = 75 000 €

Ratio de liquidité générale

$$\frac{265\ 500}{190\ 500} = 1{,}39$$

Le ratio est supérieur à 1, l'actif à court terme finance les dettes à court terme.

Ratio de liquidité restreinte

Le ratio est proche de 1, les créances à moins d'un an et les disponibilités couvrent les dettes à moins d'un an.

$$\frac{172\ 575 + 31\ 860}{190\ 500} = 1{,}073$$

Ratio de solvabilité générale

Le ratio est supérieur à 1, l'entreprise est donc solvable.

Ratio d'autonomie financière

$$\frac{410\ 500}{11\ 000 + 48\ 400 + 190\ 500} = 1{,}64$$

Les capitaux propres couvrent 64 % des dettes, ce qui est satisfaisant.

$$\frac{160\ 600}{11\ 000 + 48\ 400 + 190\ 500} = 0{,}64$$

Les tableaux de flux de l'entreprise

PARTIE 4

Le tableau de financement

Chapitre 10

Le tableau de financement explique les variations d'emplois et de ressources survenues pendant un exercice. Il permet de suivre l'évolution du patrimoine et facilite l'analyse des décisions stratégiques mises en oeuvre par l'entreprise.
Les entreprises qui dépassent trois cents salariés ou bien qui atteignent 18 millions d'euros de chiffre d'affaires net doivent établir un tableau de financement.

1 Les objectifs du tableau de financement

Le tableau de financement permet une ***analyse fonctionnelle dynamique*** de la situation financière de l'entreprise et complète, à ce titre, l'analyse statique du bilan fonctionnel. Il permet d'étudier les ***flux monétaires*** qui se sont produits au cours d'un exercice et mesure la variation du fonds de roulement net global et du besoin en fonds de roulement ainsi que de la trésorerie entre deux bilans.

2 La structure du tableau de financement

Le tableau de financement est structuré d'après les relations fondamentales issues de l'analyse fonctionnelle :

$$\Delta \text{ FRNG} - \Delta \text{ BFR} = \Delta \text{ Trésorerie nette}$$

d'où

$$\Delta \text{ BFR} + \Delta \text{ Trésorerie nette} = \Delta \text{ FRNG}$$

Il s'établit à partir des bilans fonctionnels N et N – 1, de soldes de comptes et de l'annexe.

Le modèle prévu par le Plan comptable général est composé de ***deux parties***.

La première partie : le tableau des emplois et des ressources

La première partie du tableau comprend ***les ressources et les emplois stables de l'exercice*** ; elle permet d'expliquer comment s'est formée la variation du fonds de roulement net global.

Δ Ressources durables entre le début et la fin de l'exercice

−

Δ Emplois stables entre le début et la fin de l'exercice

=

Δ Fonds de roulement net global

La deuxième partie : le tableau de variation du fonds de roulement net global

La deuxième partie du tableau de financement permet d'expliquer comment ***la variation positive*** du fonds de roulement net global ***a été utilisée*** ou comment ***la variation négative*** du fonds de roulement net global ***a été couverte***.

Δ Actif circulant
- d'exploitation
- hors exploitation
- trésorerie

entre le début et la fin de l'exercice

−

Δ Passif circulant
- d'exploitation
- hors exploitation
- trésorerie

entre le début et la fin de l'exercice

=

Δ Fonds de roulement net global

3 Le tableau des emplois et des ressources : Tableau I

Le schéma explicatif du tableau I

Tableau des emplois et des ressources

Origine	Emplois	Ressources	Origine
	Emplois = Augmentation de l'actif stable + Diminution des ressources durables	Ressources = Augmentation des ressources durables + Diminution de l'actif stable	
Montant des dividendes versés pendant l'exercice	Distributions mises en paiement au cours de l'exercice	Capacité d'autofinancement	Calculée à partir de l'EBE ou du résultat net
VO des immobilisations acquises pendant l'exercice	Acquisitions d'éléments de l'actif immobilisé	Cessions ou réductions d'éléments de l'actif immobilisé	Prix de cession HT des immobilisations Diminution d'immobilisations financières (en VO) par remboursement : créances, prêts. Exclure les intérêts courus
Montant des charges transférées au cours de l'exercice	Charges à répartir sur plusieurs exercices (frais d'émission d'emprunt)		
Réduction de capitaux propres entraînant des sorties de fonds	Réduction des capitaux propres	Augmentation des capitaux propres	Augmentation des apports appelés, augmentés de la prime d'émission. Montant des subventions d'investissement
Montant des amortissements des emprunts. Exclure les concours bancaires courants, soldes créditeurs banques et les intérêts courus	Remboursements des dettes financières	Augmentation des dettes financières	Montant des nouveaux emprunts contractés au cours de l'exercice sauf les concours bancaires courants et soldes créditeurs banques
	TOTAL X	TOTAL X	
	Variation du FRNG	Variation du FRNG	
Si : Ressources > Emplois	Ressource nette ⇓ Augmentation du FRNG	Emploi net ⇓ Diminution du FRNG	Si : Emplois > Ressources

■ *Le modèle de présentation*

Le Plan comptable général prévoit un modèle de présentation à l'article 832-10.

I. Tableau de financement en compte

EMPLOIS	Exercice N	Exercice N – 1	RESSOURCES	Exercice N	Exercice N – 1
Distributions mises en paiement au cours de l'exercice..			Capacité d'autofinancement de l'exercice......		
Acquisitions d'éléments de l'actif immobilisé :			Cessions ou réductions d'éléments de l'actif immobilisé :		
Immobilisations incorporelles.............			Cessions d'immobilisations :		
Immobilisations corporelles................			– incorporelles		
Immobilisations financières................			– corporelles		
Charges à répartir sur plusieurs exercices **(a)**			Cessions ou réductions d'immobilisations financières		
Réduction des capitaux propres			Augmentation des capitaux propres		
(réduction de capital, retraits)			Augmentation de capital ou apports.....		
Remboursements de dettes financières **(b)**			Augmentation des autres capitaux propres ...		
			Augmentation des dettes financières **(b) (c)**..		
Total des emplois...............................	X	X	**Total des ressources...........................**	X	X
Variation du fonds de roulement net global (ressource nette)			Variation du fonds de roulement net global (emploi net)		

(a) Montant brut transféré au cours de l'exercice.
(b) Sauf concours bancaires courants et soldes créditeurs de banques.
(c) Hors primes de remboursement des obligations.

4 Le tableau des variations du fonds de roulement net global : Tableau II

■ *Le schéma explicatif du tableau II*

Variation du fonds de roulement net global	**Besoins** = Augmentation de l'actif circulant + Diminution des dettes cycliques	**Dégagements** = Augmentation des dettes cycliques + Diminution de l'actif circulant	**Solde** = Dégagements – Besoins
Variation « Exploitation »			
Variation des actifs d'exploitation	Valeurs brutes bilan N > Valeurs brutes bilan N – 1	Valeurs brutes bilan N < Valeurs brutes bilan N – 1	
Variation des dettes d'exploitation	Valeurs brutes bilan N < Valeurs brutes bilan N – 1	Valeurs brutes bilan N > Valeurs brutes bilan N – 1	
Totaux			
A. Variation nette « Exploitation »			Si dégagements > besoins ⇒ solde + Si dégagements < besoins ⇒ solde –
Variation « Hors exploitation »			
Variation des autres débiteurs	Valeurs brutes bilan N > Valeurs brutes bilan N – 1	Valeurs brutes bilan N < Valeurs brutes bilan N – 1	
Variation des autres créditeurs	Valeurs brutes bilan N < Valeurs brutes bilan N – 1	Valeurs brutes bilan N > Valeurs brutes bilan N – 1	
Totaux			
B. Variation nette « Hors exploitation »			Si dégagements > besoins ⇒ solde + Si dégagements < besoins ⇒ solde –
Total A + B Besoin de l'exercice en FR ou Dégagement net de FR			Si A + B = solde – Si A + B = solde +
Variation « Trésorerie »			
Variation des disponibilités	Valeurs brutes bilan N > Valeurs brutes bilan N – 1	Valeurs brutes bilan N < Valeurs brutes bilan N – 1	
Variation des concours bancaires courants et soldes créditeurs banques	Valeurs brutes bilan N < Valeurs brutes bilan N – 1	Valeurs brutes bilan N > Valeurs brutes bilan N – 1	
Totaux			
C. Variation nette « Trésorerie »			Si dégagements > besoins ⇒ solde + Si dégagements < besoins ⇒ solde –
Variation du FRNG **Total A + B + C** **Emploi net** ou **Ressource nette**			Si A + B + C = solde – Si A + B + C = solde +

Le modèle de présentation

Le Plan comptable général prévoit un modèle de présentation à l'article 832-10.

II. Tableau de financement en compte

Variation du fonds de roulement net global	Exercice N			Exercice N –1
	Besoins 1	Dégagement 2	Solde 2 – 1	Solde
Variation « Exploitation »				
Variation des actifs d'exploitation :				
Stocks et en-cours				
Avances et acomptes versés sur commandes				
Créances Clients, Comptes rattachés et autres créances d'exploitation **(a)**				
Variation des dettes d'exploitation :				
Avances et acomptes reçus sur commandes en cours				
Dettes Fournisseurs, Comptes rattachés et autres dettes d'exploitation **(b)**				
Totaux	X	X		
A. Variation nette « Exploitation » : **(c)**			± X	± X
Variation « Hors exploitation »				
Variation des autres débiteurs **(a) (d)**				
Variation des autres créditeurs **(b)**				
Totaux	X	X		
B. Variation nette « Hors exploitation » **(c)**			± X	± X
Total A + B :				
Besoins de l'exercice en fonds de roulement			– X	– X
ou				
Dégagement net de fonds de roulement dans l'exercice			+ X	+ X
Variation « Trésorerie »				
Variation des disponibilités				
Variation des concours bancaires courants et soldes créditeurs de banques				
Totaux	X	X		
C. Variation nette « Trésorerie » **(c)**			± X	± X
Variation du fonds de roulement net global				
(Total A + B + C) :				
Emploi net			–	–
ou				
Ressource nette			+	+

(a) Y compris charges constatées d'avance selon leur affectation à l'exploitation ou non.
(b) Y compris produits constatés d'avance selon leur affectation à l'exploitation ou non.
(c) Les montants sont assortis du signe (+) lorsque les dégagements l'emportent sur les besoins et du signe (–) dans le cas contraire.
(d) Y compris valeurs mobilières de placement.
Nota : Cette partie II du tableau peut être adaptée au système de base. Dans ce cas, les variations portent sur l'ensemble des éléments ; aucune distinction n'est faite entre exploitation et hors exploitation.

La variation du fonds de roulement net global du tableau (II) doit être ***identique*** à la variation du fonds de roulement net global du tableau (I) ***mais de signe contraire***.

Exemple

La société Pelte fournit les renseignements suivants pour l'exercice N afin d'établir le tableau de financement en compte, conformément au plan comptable général :

- *acquisitions d'immobilisations corporelles : 120 000 €*
- *acquisitions d'immobilisations financières : 61 000 €*
- *cessions d'immobilisations : 32 000 €*
- *augmentation de capital en numéraire : 123 000 €*
- *nouvel emprunt contracté : 95 000 €*
- *capacité d'autofinancement : 135 000 €*
- *distribution de dividendes : 31 000 €*
- *remboursement d'emprunt : 40 000 €*
- *extrait des bilans fonctionnels actif :*

Actif	**N**	**N – 1**
Actif circulant		
Stocks	186 000	178 000
Créances d'exploitation	389 000	318 000
Créances hors exploitation	27 000	13 000
Disponibilités	35 000	15 000

- *extrait des bilans fonctionnels passif :*

Passif	**N**	**N – 1**
Passif circulant		
Dettes d'exploitation	230 000	256 000
Dettes hors exploitation	48 000	42 000

Tableau de financement

Tableau I

EMPLOIS	Exercice N	Exercice N – 1	RESSOURCES	Exercice N	Exercice N – 1
Distributions mises en paiement au cours de l'exercice...	31 000		Capacité d'autofinancement de l'exercice.....	135 000	
Acquisitions d'éléments de l'actif immobilisé :			Cessions ou réductions d'éléments de l'actif immobilisé :		
Immobilisations incorporelles.............			Cessions d'immobilisations :		
Immobilisations corporelles................	120 000		– incorporelles....................................		
Immobilisations financières................	61 000		– corporelles......................................	32 000	
Charges à répartir sur plusieurs exercices **(a)**.......................................			Cessions ou réductions d'immobilisations financières		
Réduction des capitaux propres			Augmentation des capitaux propres		
(réduction de capital, retraits)...............			Augmentation de capital ou apports....	123 000	
Remboursements de dettes financières **(b)**	40 000		Augmentation des autres capitaux propres....		
			Augmentation des dettes financières **(b) (c)**...	95 000	
Total des emplois...............................	252 000		**Total des ressources...........................**	385 000	
Variation du fonds de roulement net global (ressource nette)..................................	133 000		Variation du fonds de roulement net global (emploi net)...		

(a) Montant brut transféré au cours de l'exercice.
(b) Sauf concours bancaires courants et soldes créditeurs de banques.
(c) Hors primes de remboursement des obligations.

Tableau II

Variation du fonds de roulement net global	Exercice N			Exercice N –1
	Besoins 1	Dégagement 2	Solde 2 – 1	Solde
Variation « Exploitation »				
Variation des actifs d'exploitation :				
Stocks et en-cours	8 000			
Avances et acomptes versés sur commandes				
Créances Clients, Comptes rattachés et autres créances d'exploitation **(a)**	71 000			
Variation des dettes d'exploitation :				
Avances et acomptes reçus sur commandes en cours				
Dettes Fournisseurs, Comptes rattachés et autres dettes d'exploitation **(b)**	26 000			
Totaux	105 000			
A. Variation nette « Exploitation » : **(c)**			– 105 000	
Variation « Hors exploitation »				
Variation des autres débiteurs **(a) (d)**	14 000			
Variation des autres créditeurs **(b)**		6 000		
Totaux	14 000	6 000		
B. Variation nette « Hors exploitation » **(c)**			– 8 000	
Total A + B :				
Besoins de l'exercice en fonds de roulement			– 113 000	
ou				
Dégagement net de fonds de roulement dans l'exercice				
Variation « Trésorerie »				
Variation des disponibilités	20 000			
Variation des concours bancaires courants et soldes créditeurs de banques				
Totaux	20 000			
C. Variation nette « Trésorerie » **(c)**			– 20 000	
Variation du fonds de roulement net global (Total A + B + C)				
Emploi net			– 133 000	
ou				
Ressource nette				

(a) Y compris charges constatées d'avance selon leur affectation à l'exploitation ou non.
(b) Y compris produits constatés d'avance selon leur affectation à l'exploitation ou non.
(c) Les montants sont assortis du signe (+) lorsque les dégagements l'emportent sur les besoins et du signe (–) dans le cas contraire.
(d) Y compris valeurs mobilières de placement.
Nota : Cette partie II du tableau peut être adaptée au système de base. Dans ce cas, les variations portent sur l'ensemble des éléments ; aucune distinction n'est faite entre exploitation et hors exploitation.

Analyse du tableau I

Le fonds de roulement net global ***a augmenté*** de 133 000 € au cours de l'exercice N grâce à une augmentation des ressources durables.

Au cours de l'exercice N, l'entreprise a investi principalement en immobilisations corporelles ce qui traduit une stratégie de croissance interne.

Les investissements ont été financés essentiellement par des ressources propres : l'autofinancement (ressource interne) et l'augmentation de capital (ressource externe).

Par exemple, l'autofinancement consacré aux investissements a pu permettre de financer ces derniers à hauteur d'environ 35 % :

$$\frac{(135\,000 - 31\,000 - 40\,000)}{120\,000 + 61\,000}$$

Par ailleurs, l'entreprise ***s'est endettée*** puisque les augmentations de dettes financières sont supérieures aux diminutions. Néanmoins, les ressources propres de l'exercice restent nettement supérieures aux dettes financières contractées au cours de l'exercice ce qui traduit une bonne autonomie financière.

Analyse du tableau II

L'augmentation des besoins de l'exercice en fonds de roulement (113 000 €) est ***moins importante*** que celle du fonds de roulement net global (133 000 €) ; il en découle ***une amélioration*** de la trésorerie (20 000 €).

Les besoins de l'exercice en fonds de roulement portent essentiellement sur l'activité principale de l'entreprise et particulièrement sur le poste *Créances clients* qui a augmenté de plus de 22 %. Des indicateurs spécifiques à l'activité seraient nécessaires pour affiner l'analyse.

L'excédent de trésorerie d'exploitation (ETE)

Chapitre 11

L'excédent de trésorerie d'exploitation est un indicateur pertinent pour contrôler la capacité de l'entreprise à générer des liquidités grâce à son activité d'exploitation au cours d'une période.
L'étude de son évolution permet de prévenir un risque de défaillance.

1 Définition

L'excédent de trésorerie d'exploitation représente la ***trésorerie dégagée ou consommée*** au cours de l'exercice ***par l'activité d'exploitation***.

Il permet à l'entreprise de juger sa ***capacité à financer*** sa politique de croissance (financement des investissements) et à ***faire face*** à ses obligations (paiement des emprunts, des dividendes, de l'impôt sur les sociétés...). Précisons que l'excédent de trésorerie est indépendant des choix comptables tels que la politique d'amortissement, la méthode d'évaluation des stocks...

2 Les modalités de calcul

L'excédent de trésorerie d'exploitation peut être calculé selon deux méthodes.

La première méthode

L'excédent de trésorerie d'exploitation est calculé d'après des données du compte de résultat et du bilan.

Excédent de trésorerie d'exploitation N	=	**Produits d'exploitation encaissés en N**	Produits d'exploitation encaissables + Créances d'exploitation au 31/12/N – 1 – Créances d'exploitation au 31/12/N
		–	
		Charges d'exploitation décaissées en N	Charges d'exploitation décaissables + Dettes d'exploitation au 31/12/N – 1 – Dettes d'exploitation au 31/12/N

L'excédent de trésorerie d'exploitation représente les ***flux nets de liquidités*** générés par l'activité d'exploitation.

La deuxième méthode

L'excédent de trésorerie d'exploitation est calculé d'après des indicateurs de gestion de l'analyse financière.

Excédent de trésorerie d'exploitation N	=	**Excédent brut d'exploitation N**	Produits d'exploitation encaissables – Charges d'exploitation décaissables
		–	
		Δ du besoin en fonds de roulement d'exploitation pour N	Δ Stocks + Δ créances d'exploitation – Δ Dettes d'exploitation

L'excédent de trésorerie d'exploitation représente ***la part de l'excédent brut d'exploitation transformée en liquidités***.

Un excédent de trésorerie d'exploitation ***négatif*** traduit une phase critique et une rentabilité insuffisante puisque le flux net de trésorerie dégagé par l'exploitation est insuffisant pour financer la variation du besoin en fonds de roulement d'exploitation.

Exemple

Les renseignements suivants vous sont communiqués :

Bilans fonctionnels

Emplois	N	N – 1	Ressources	N	N – 1
Emplois stables	3 960	3 710	Ressources stables	5 430	4 883
Actif immobilisé brut	3 960	3 710	Capitaux propres	2 170	2 130
Actif circulant d'exploitation	2 216	1 696	Amortissements et dépréciations	1 248	1 090
Stocks	1 016	780	Dettes financières	2 012	1 663
Créances d'exploitation	1 200	916	Dettes d'exploitation	925	812
Actif circulant hors exploitation	850	646	Dettes fournisseurs	770	694
Actif de trésorerie	12	82	Dettes sociales et fiscales	155	118
			Dettes hors exploitation	558	439
			Passif de trésorerie	125	
	7 038	6 134		7 038	6 134

Éléments du compte de résultat (exercice N)

Ventes de marchandises	4 597	Autres achats et charges externes	579
Achats de marchandises	1 910	Impôts, taxes et versements assimilés	87
Variation de stocks	– 236	Charges de personnel	1 460

Excédent de trésorerie d'exploitation

Première méthode

Éléments de calcul	–	+
Ventes de marchandises		4 597
Achats de marchandises	1 910	
Autres achats et charges externes	579	
Impôts, taxes et versements assimilés	87	
Charges de personnel	1 460	
Créances d'exploitation N – 1		916
Créances d'exploitation N	1 200	
Dettes d'exploitation N – 1	812	
Dettes d'exploitation N		925
	6 048	6 438
Excédent de trésorerie d'exploitation	**390**	

Deuxième méthode

EBE	=	4 597 – (1 910 – 236 + 579 + 87 + 1 460)	=	797
–				–
Δ du BFRE	=	(2 216 – 925) – (1 696 – 812)	=	407
=				=
ETE				**390**

L'excédent de trésorerie d'exploitation est positif ; cela signifie que l'excédent brut d'exploitation a permis de ***financer*** la croissance du besoin en fonds de roulement d'exploitation et de ***dégager*** un flux de trésorerie positif.

Le tableau des flux de trésorerie

Chapitre 12

Le tableau des flux de trésorerie permet d'expliquer la variation de trésorerie ; il renseigne l'entreprise sur les encaissements et les décaissements réalisés au cours d'une période. Il fait partie de l'annexe consolidée.

1 Les objectifs du tableau des flux de trésorerie

Le tableau des flux de trésorerie permet :

- **D'apprécier** → les conséquences des choix stratégiques des dirigeants sur la trésorerie de l'entreprise.
- **D'informer** → sur la capacité de l'entreprise à générer de la trésorerie à partir de son activité et sur le risque de faillite.
- **D'évaluer** → la solvabilité de l'entreprise.
- **D'analyser** → l'origine de l'excédent ou du déficit de trésorerie.
- **D'étudier** → l'utilisation des ressources de trésorerie.
- **De mesurer** → le besoin de financement externe.
- **D'effectuer** → des prévisions.

Il constitue un complément indispensable du tableau de financement pour établir un diagnostic financier.

En effet, la variation de trésorerie est déterminée dans chacun des tableaux mais selon deux approches différentes.

La variation de trésorerie apparaît dans le tableau de financement comme la ***conséquence*** de l'analyse de la variation du FRNG et de celle de la variation du BFR alors qu'elle constitue ***l'objectif*** de l'analyse menée à travers le tableau des flux de trésorerie.

2 Définition de la trésorerie

Avant d'élaborer un tableau des flux de trésorerie, il est utile de connaître les éléments constitutifs de la trésorerie. Elle est composée uniquement des rubriques concernées du bilan, ce qui exclut les éléments hors bilan, notamment les effets escomptés non échus.

Trésorerie active	–	Trésorerie passive	=	Trésorerie nette
Comptes de caisse Comptes à vue Comptes à terme et intérêts courus non échus qui s'y rattachent venant à échéance dans un délai maximum de 3 mois à compter de leur ouverture SICAV et FCP Obligations acquises moins de 3 mois avant leur échéance		Soldes créditeurs de banques correspondant à des découverts temporaires et intérêts courus non échus qui s'y rattachent Comptes courants avec des entreprises liées, lorsqu'ils résultent d'opérations de trésorerie		

3 La structure du tableau des flux de trésorerie

Les flux de trésorerie sont classés en trois catégories selon leur fonction :

- **Flux de trésorerie liés à l'activité** → Encaissements et décaissements liés au cycle d'exploitation, aux charges et produits financiers et exceptionnels, à la participation des salariés et à l'impôt sur les sociétés.
- **Flux de trésorerie liés aux opérations d'investissement** → Encaissements et décaissements destinés à acquérir ou à céder des biens ou des créances classés en immobilisations.
- **Flux de trésorerie liés aux opérations de financement** → Encaissements et décaissements liés au financement externe de l'entreprise (augmentation de capital, nouveaux emprunts, subventions d'investissement, remboursements d'emprunts, dividendes…).

■ *Modèle 2 : à partir du résultat d'exploitation*

Il met en évidence le *flux net de trésorerie d'exploitation*.

Le tableau est présenté page 128.

Tableau des flux de trésorerie établi à partir du résultat d'exploitation des entreprises intégrées (modèle 2)

Flux de trésorerie liés à l'activité	
Résultat d'exploitation des entreprises intégrées	
Élimination des charges et produits d'exploitation sans incidence sur la trésorerie :	
– Amortissements, dépréciations et provisions (1)	
Résultat brut d'exploitation	
Variation du besoin en fonds de roulement d'exploitation (2)	
Flux net de trésorerie d'exploitation	
Autres encaissements et décaissements liés à l'activité :	
– Frais financiers	
– Produits financiers	
*– Dividendes reçus des sociétés mises en équivalence**	
– Impôt sur les sociétés, hors impôt sur les plus-values de cession	
– Charges et produits exceptionnels liés à l'activité	
– Autres	
Flux net de trésorerie généré par l'activité	
Flux de trésorerie liés aux opérations d'investissement	
Acquisitions d'immobilisations	
Cessions d'immobilisations, nettes d'impôt	
Incidence des variations de périmètre (3)*	
Flux net de trésorerie lié aux opérations d'investissement	
Flux de trésorerie liés aux opérations de financement	
Dividendes versés aux actionnaires de la société-mère*	
Dividendes versés aux minoritaires des sociétés intégrées*	
Augmentations de capital en numéraire	
Émissions d'emprunts	
Remboursements d'emprunts	
Flux net de trésorerie lié aux opérations de financement	
VARIATION DE TRÉSORERIE	
Trésorerie d'ouverture	
Trésorerie de clôture	
Incidence des variations de cours des devises*	

(1) À l'exclusion des dépréciations sur actif circulant. (2) À détailler par grandes rubriques (stocks, créances d'exploitation, dettes d'exploitation).
(3) Prix d'achat ou de vente augmenté ou diminué de la trésorerie acquise ou versée. À détailler dans une note annexe.

* Rubrique propre au tableau consolidé.

5 L'analyse des flux nets de trésorerie

L'analyse des trois flux nets de trésorerie fournie par l'ordre des experts-comptables est résumée dans le tableau suivant :

Flux nets de trésorerie	Analyse
Flux net de trésorerie généré par l'activité	Apprécier la capacité de l'entreprise à rembourser les emprunts, à payer les dividendes, à procéder à de nouveaux investissements sans faire appel au financement externe.
Flux net de trésorerie lié aux opérations d'investissement	Mesurer les sommes consacrées au renouvellement et au développement des activités de l'entreprise pour maintenir ou accroître le niveau des flux futurs de trésorerie.
Flux net de trésorerie lié aux opérations de financement	Identifier les sources de financement et les décaissements correspondants. Apprécier le mode de couverture du besoin de financement externe selon son origine. Mesurer la qualité des arbitrages financiers pour améliorer la rentabilité financière de l'entreprise.

Exemple

Le tableau de financement ci-dessous vous est remis :

Tableau I

EMPLOIS	Exercice N	Exercice N – 1	RESSOURCES	Exercice N	Exercice N – 1
Distributions mises en paiement au cours de l'exercice	31 000		Capacité d'autofinancement de l'exercice	135 000	
Acquisitions d'éléments de l'actif immobilisé :			Cessions ou réductions d'éléments de l'actif immobilisé :		
Immobilisations incorporelles			Cessions d'immobilisations :		
Immobilisations corporelles	120 000		– incorporelles		
Immobilisations financières	61 000		– corporelles	32 000	
Charges à répartir sur plusieurs exercices **(a)**			Cessions ou réductions d'immobilisations financières		
Réduction des capitaux propres			Augmentation des capitaux propres		
(réduction de capital, retraits)			Augmentation de capital ou apports	123 000	
Remboursements de dettes financières **(b)**	40 000		Augmentation des autres capitaux propres		
			Augmentation des dettes financières **(b) (c)**	95 000	
Total des emplois	252 000		**Total des ressources**	385 000	
Variation du fonds de roulement net global (ressource nette)	133 000		Variation du fonds de roulement net global (emploi net)		

(a) Montant brut transféré au cours de l'exercice.
(b) Sauf concours bancaires courants et soldes créditeurs de banques.
(c) Hors primes de remboursement des obligations.

Tableau II

Le tableau est présenté page ci-contre.

Variation du fonds de roulement net global	Exercice N			Exercice N –1
	Besoins 1	Dégagement 2	Solde 2 – 1	Solde
Variation « Exploitation »				
Variation des actifs d'exploitation :				
Stocks et en-cours	8 000			
Avances et acomptes versés sur commandes				
Créances Clients, Comptes rattachés et autres créances d'exploitation **(a)**	71 000			
Variation des dettes d'exploitation :				
Avances et acomptes reçus sur commandes en cours				
Dettes Fournisseurs, Comptes rattachés et autres dettes d'exploitation **(b)**	26 000			
Totaux	105 000			
A. Variation nette « Exploitation » : **(c)**			– 105 000	
Variation « Hors exploitation »				
Variation des autres débiteurs **(a) (d)**	14 000			
Variation des autres créditeurs **(b)**		6 000		
Totaux	14 000	6 000		
B. Variation nette « Hors exploitation » **(c)**			– 8 000	
Total A + B :				
Besoins de l'exercice en fonds de roulement ou Dégagement net de fonds de roulement dans l'exercice			– 113 000	
Variation « Trésorerie »				
Variation des disponibilités	20 000			
Variation des concours bancaires courants et soldes créditeurs de banques				
Totaux	20 000			
C. Variation nette « Trésorerie » **(c)**			– 20 000	
Variation du fonds de roulement net global (Total A + B + C) : **Emploi net** ou **Ressource nette**			– 133 000	

(a) Y compris charges constatées d'avance selon leur affectation à l'exploitation ou non.
(b) Y compris produits constatés d'avance selon leur affectation à l'exploitation ou non.
(c) Les montants sont assortis du signe (+) lorsque les dégagements l'emportent sur les besoins et du signe (–) dans le cas contraire.
(d) Y compris valeurs mobilières de placement.
Nota : Cette partie II du tableau peut être adaptée au système de base. Dans ce cas, les variations portent sur l'ensemble des éléments ; aucune distinction n'est faite entre exploitation et hors exploitation.

Les renseignements complémentaires suivants vous sont communiqués :

– résultat de l'exercice :	*83 600 €*
– dotations aux amortissements, dépréciations et provisions (sauf les dotations pour dépréciations de l'actif circulant) :	*47 600 €*
– variation des stocks nets :	*7 200 €*
– variation des créances nettes d'exploitation :	*68 000 €*
– trésorerie d'ouverture :	*15 000 €*
– trésorerie de clôture :	*35 000 €*

Variation du besoin en fonds de roulement liée à l'activité

(7 200 + 68 000 + 14 000 + 26 000) – 6 000 = 109 200 €

Tableau des flux de trésorerie → modèle 1 : il est présenté page ci-contre.

Flux de trésorerie liés à l'activité	
Résultat net des sociétés intégrées	83 600
Élimination des charges et produits sans incidence sur la trésorerie ou non liés à l'activité :	
– Amortissements, dépréciations et provisions (1)	+ 47 600
– Variation des impôts différés	
– Plus-values de cession, nettes d'impôt	
Marge brute d'autofinancement des entreprises intégrées	131 200
Dividendes reçus des sociétés mises en équivalence*	
Variation du besoin en fonds de roulement lié à l'activité (2)	– 109 200
Flux net de trésorerie généré par l'activité	+ 22 000
Flux de trésorerie liés aux opérations d'investissement	
Acquisitions d'immobilisations	– 181 000
Cessions d'immobilisations, nettes d'impôt	+ 32 000
Incidence des variations de périmètre (3)*	
Flux net de trésorerie lié aux opérations d'investissement	– 149 000
Flux de trésorerie liés aux opérations de financement	
Dividendes versés aux actionnaires de la société-mère*	– 31 000
Dividendes versés aux minoritaires des sociétés intégrées*	
Augmentations de capital en numéraire	+ 123 000
Émissions d'emprunts	+ 95 000
Remboursements d'emprunts	– 40 000
Flux net de trésorerie lié aux opérations de financement	+ 147 000
VARIATION DE TRÉSORERIE	– 20 000
Trésorerie d'ouverture	15 000
Trésorerie de clôture	35 000
Incidence des variations de cours des devises*	

(1) À l'exclusion des dépréciations sur actif circulant.
(2) À détailler par grandes rubriques (stocks, créances d'exploitation, dettes d'exploitation).
(3) Prix d'achat ou de vente augmenté ou diminué de la trésorerie acquise ou versée. À détailler dans une note annexe.

* Rubrique propre au tableau consolidé.

L'activité sécrète de la trésorerie. Les besoins de trésorerie liés à l'investissement sont couverts par la ressource de trésorerie générée par l'activité et par celle liée aux opérations de financement.

Achevé d'imprimer par France Quercy, 46090 Mercuès
N° d'impression : 50896 - Dépôt légal : août 2015

Imprimé en France